Erntefrisches WINTERGEMÜSE *selbst anbauen*

Piktogramme in den Steckbriefen der Pflanzen

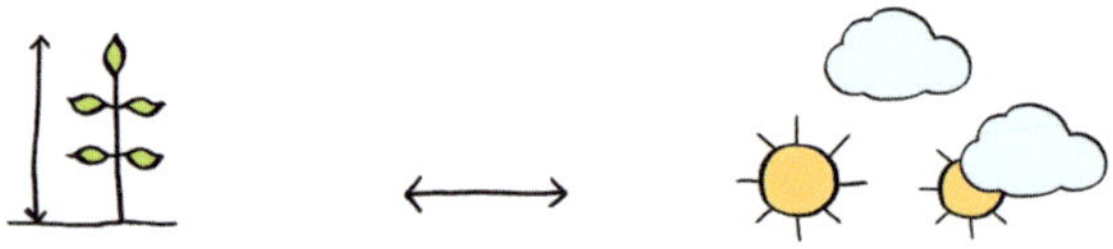

Höhe | Breite | Exposition | Wasserbedarf | Frostbeständigkeit | Anbau im Topf

ISBN 978-3-8094-4465-7

1. Auflage

Die Originalausgabe erschien auf Französisch unter dem Titel *Je récolte des légumes même en hiver*
Programmleitung der Originalausgabe:
Isabelle Jeuge-Maynart et Ghislaine Stora
Redaktionsleitung: Aurélie Starckmann
Redaktion: Liza Person-Lisiecki
Korrektorat: Manon Trahin
Gestaltung und Satz: Claire Morel Fatio
Coverdesign: Aurore Élie
Herstellung: Émilie Latour

Projektleitung dieser Ausgabe: Dr. Iris Hahner
Umschlaggestaltung: Atelier Versen, Bad Aibling
Übersetzung: SAW Communications, Christa Trautner-Suder
Redaktion und Producing:
SAW Communications, Redaktionsbüro Dr. Sabine A. Werner, Klein-Winternheim
Satz: SAW Communications in Zusammenarbeit mit alles mit Medien, Anke Enders, Sprendlingen
Herstellung: Claudia Scheike

Penguin Random House Verlagsgruppe
FSC® N001967

FSC www.fsc.org
MIX
Papier aus verantwortungsvollen Quellen
FSC® C009279

Druck und Bindung: Graficas Estella

Printed in Spain

Caroline Géneau

Erntefrisches WINTERGEMÜSE selbst anbauen

34 Pflanzenporträts & praktische Anbautipps

Bassermann

INHALTSVERZEICHNIS

EIN TRAUM VON EINEM Wintergemüsegarten

Traditionell beginnt im Frühjahr die Hochsaison für den Gemüsegarten. Man träumt von den ersten Radieschen, jungen Karotten, den zugleich zarten und knackigen Erbsen, aromatischen Sprossen ... Dann folgen die grünen Bohnen, die Tomaten, und der Sommer endet mit Pauken und Trompeten mit den verschiedenen spektakulären Kürbissen. Das ist ein schöner Reigen von Farben und Aromen. Die Herausforderung, der wir uns im vorliegenden Buch stellen, ist im Vergleich dazu viel größer, aber machbar: Wir wünschen uns einen Gemüsegarten, der während aller vier Jahreszeiten regelmäßiges Ernten erlaubt, der so schön ist, dass man mit Freude darin verweilt und seine ansprechende Anlage genießt, die sich bis mitten in den Winter hinein entwickelt. Man hat Lust, darin herumzuspazieren, hier über Blätter voller ätherischer Öle zu streichen, dort Früchte mit unerwartetem Geschmack abzupflücken oder Kräuter zu ernten, die noch kalt vom Morgenfrost sind. Kurz gesagt, träumen wir von einer einladenden und ertragreichen Fläche, auf der man ganzjährig mit Freude gärtnert. Mit einem gewissen Maß an Organisation und wenn weder der Bedarf noch die verfügbare Zeit überschätzt werden, lässt sich dieser Traum verwirklichen. Machen wir uns also auf zu einem schönen Jahr im Gemüsegarten! Erschaffen wir einen Gemüsegarten, der das ganze Jahr über schön ist ...

Sie finden in diesem Buch meine persönlichen Erfahrungen sowie alles, was mir meine Großeltern und andere Gartenbegeisterte weitergegeben haben, denen zu begegnen ich das Glück hatte. Mein derzeitiger Gemüsegarten befindet sich im französischen Département Pas-de-Calais, nicht weit vom Meer. Über ihn streifen also südwestliche, mit Gischt beladene Winde ebenso wie kalte und trockene Nordostwinde. Insgesamt herrscht ganzjährig ein mildes Klima. Bei meiner Gemüseauswahl vergesse ich jedoch die kontinentalen Gemüsegärten mit ihren saisonalen Kontrasten ebenso wenig wie die mediterranen Gärten, die Gemüse für das sommerliche Ratatouille ebenso aufnehmen können wie ganz andere Sorten im Winter. Gemüsegärten für Gebirgsregionen sind einen Großteil des Winters schneebedeckt, weshalb sie in diesem Buch über Gemüseanbau im Winter nicht weiter berücksichtigt wurden.

Die Erfahrungen, die ich in meinem eigenen Garten gemacht habe, lassen sich natürlich nicht eins zu eins übertragen, denn die Jahre unterscheiden sich von der Wetterlage her. Die Phänologie – also die Beobachtung wiederkehrender Ereignisse in der Natur im Zusammenhang mit den Jahreszeiten – und die guten alten Bauernregeln funktionieren angesichts der aktuellen klimatischen Störungen gelegentlich nicht mehr. Packen wir die Sache also mit unseren Kernkompetenzen an: Wagemut, Neugier, Geduld und Beharrlichkeit. Ich hoffe, dass meine Anregungen Ihnen helfen werden, von einem noch so kleinen Gemüsegarten ganzjährig zu profitieren.

DIE PFLANZEN

Die Pflanzen, die wir hier vorstellen, wurden nach ihrer Eigenschaft ausgesucht, über den Winter präsent und ertragreich zu bleiben. Wir nennen aber auch ihre Bedürfnisse während der anderen Jahreszeiten sowie die Arten und ergänzenden Varietäten, die es möglich machen, ihre Aromen ganzjährig zu nutzen. Sie wurden anhand ihrer klassischen Verwendung zugeordnet, einige würden es jedoch verdienen, in mehreren Kategorien aufgeführt zu werden, denn sie bieten uns die Möglichkeit, beispielsweise nicht nur ihre Blätter, sondern auch ihre gekochten oder rohen Stängel, ihre Früchte und ihre Blüten zu genießen.

Die Pflanzen weisen unterschiedliche Anbauzyklen auf: Es gibt Gemüse, die den Boden ganzjährig besetzen, solche, die Ende des Herbstes und gelegentlich den ganzen Winter über bis zum Frühlingsbeginn im Boden sind, solche, die auch den Winter über geerntet werden … und solche, die Überraschungen für uns bereithalten, denn sie tauchen dort auf, wo man sie nicht erwartet, und setzen sich damit über alle gärtnerischen Theorien hinweg, indem sie den Wetterkapriolen trotzen. Achten Sie bei der Wahl einer Pflanze daher auf die Aussaatzeiten, die auf dem Tütchen angegeben sind, oder beweisen Sie Mut zum Risiko – schlimmstenfalls misslingt eine Aussaat, was keinen übermäßigen Schaden darstellt!

GEWÜRZ-
PFLANZEN

SCHNITTLAUCH

Allium schoenoprasum

Syn.: Graslauch
Alliaceae (Lauchgewächse) × Ausdauernd

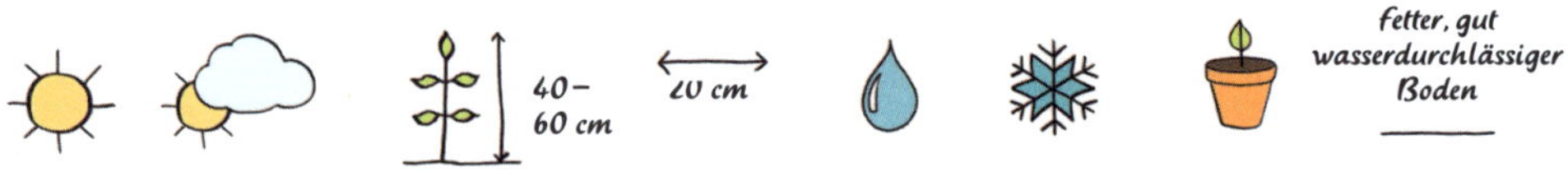

J	F	M	A	M	J	J	A	S	O	N	D

Dieser Gewürzpflanze mit mildem, an Zwiebel erinnerndem Geschmack gefällt es im Gemüsegarten als Beetumrandung oder auch auf dem Balkon. Unverzichtbar und leicht anzubauen!

Verwendung

Bei Bedarf ein Drittel der Blätter mit einer Schere abschneiden. Frisch, direkt nach der Ernte für Salate und Soßen verwenden ... Der kugelige rosa Blütenstand schmeckt zu kräftig, um ganz verwendet zu werden: Streuen Sie einzelne Blüten über den Salat. Die dünne Zwiebel ist nicht zum Verzehr geeignet.

Anbau

Nach dem letzten Frost direkt ins Beet säen oder junge Pflanzen im Topf kaufen und im Abstand von 30 cm auspflanzen.

Pflege

Nur bei Trockenheit gießen und darauf achten, dass sich an den Wurzeln keine Staunässe bildet. Durch regelmäßiges Schneiden der Blätter kann sich das Büschel regenerieren. Wenn Sie Blüten behalten möchten, dann nur die Hälfte von ihnen, um die Pflanze nicht zu erschöpfen. Nach einem rauen Winter schneiden Sie das Blattwerk im Frühjahr auf 5 cm zurück, das regt das Austreiben junger Blätter an.

Knoblauch-Schnittlauch

Da kann man schon mal mit seinem Latein am Ende sein!

Es ist nicht immer einfach, sich in der großen Allium-Familie zurechtzufinden, denn die umgangssprachlichen Bezeichnungen sorgen für Verwirrung …

» Der Knoblauch-Schnittlauch *(Allium tuberosum)* ist auch bekannt als Chinesischer Schnittlauch, Chinesischer Lauch oder Schnittknoblauch. Er ist eine ausdauernde Pflanze mit essbaren weißen Blüten, deren Blätter einen sehr ausgeprägten Geschmack haben. Lassen Sie ihm genügend Platz (50 cm zwischen den Pflanzen). In einem sehr rauen Winter kann das Blattwerk ver-schwinden, zeigt sich jedoch wieder, sobald es milder wird. Die Blüten sind essbar und ziehen Nektar und Pollen sammelnde Insekten an.

» Die Winterzwiebel *(Allium fistulosum)* hat im Deutschen viele verschiedene Namen, zum Beispiel Jakobslauch, Grober Schnittlauch oder Schlottenzwiebel – nach ihren grünen Blättern, den Schlotten. Aber Achtung: Verwechseln Sie die Schlottenzwiebel nicht mit den Schalotten *(Allium ascalonicum)*, die mit der Küchenzwiebel verwandt sind.

ESTRAGON

Artemisia dracunculus

Syn.: Dragon, Drachenkraut
Asteraceae (Korbblütler) * Ausdauernd

J	F	M	A	M	J	J	A	S	O	N	D

Estragon ist „das aromatischste aller Gewürzkräuter", wie Jean-Baptiste de La Quintinie, der berühmte Gärtner des französischen Königs Ludwig XIV. ihn beschrieb. Seinen Namen Drachenkraut verdankt er seiner angeblichen Eigenschaft, bei Schlangenbissen Linderung zu verschaffen. Verwendet werden die Blätter.

Verwendung

Geerntet werden die Triebspitzen und die jungen Triebe und zwar vom Frühjahr bis zum Frost, bei mildem Klima sogar auch im Winter. Die frischen Blätter aromatisieren Essige und Gewürzgurken. Sie sind kochbeständig und verleihen weißem Fleisch und Sauce béarnaise eine spezielle Note.

Anbau

Estragon ist eine ausdauernde Pflanze und wird in einen tiefen, humusreichen Boden gepflanzt, der vor allem aber gut wasserdurchlässig sein muss, da die Wurzeln – besonders im Winter – zu viel Feuchtigkeit schlecht vertragen. Er schätzt eine sonnige Lage, vor kalten Winden geschützt.

Achtung, wenn sich der Estragon wohlfühlt, kann er **platzraubend** werden, denn er erreicht dann nicht nur eine Höhe von mehr als 1 m, sondern breitet sich dank kräftiger unterirdischer Wurzeln (Wurzeltriebe) auch stark aus. Sie finden dann junge Pflanzen, die zwischen den anderen Gemüsen in der Nähe

auftauchen. Zur Entfernung genügt es, den Wurzelballen mit einem Spaten abzutrennen. Sie können die Mutterpflanze ohne Bedenken alle 2–3 Jahre **verjüngen**, indem Sie nur die jungen äußeren Triebe behalten. Das Sammeln der Samen ist nutzlos, denn sie sind steril.

Pflege

Sich bildende Blütenstiele sofort abschneiden. Nutzen Sie diesen Moment gleich, um auch alte Zweige zurückzuschneiden, sodass junge, aromatischere Triebe nachwachsen können. Um eine niedrigere und buschigere Pflanze zu erzielen, sollten Sie die Triebe regelmäßig abschneiden. Warum nicht gleich ernten und frisch genießen?

Den Fuß der Pflanze mit Mulch abdecken, um ihn vor der Strenge des Winters zu schützen.

Krankheiten und Schädlinge: Keine Sorge. Sollten sich ein weißer Belag (Echter Mehltau) oder braune Punkte (Rost) auf den Blättern bilden, einfach die kranken Zweige zurückschneiden.

Weitere Estragon-Arten

- Russischer Estragon *(Artemisia dracunculoides)* ist eine widerstandsfähigere Art als der klassische Estragon, seine Blätter haben jedoch weniger Geschmack.
- Mexikanischer Estragon *(Tagetes lucida)* ist botanisch gesehen kein Estragon, da er zur Art der Tagetes gehört und auch als Würztagetes bezeichnet wird. Seine Blätter haben jedoch dasselbe Anisaroma, wenn auch stärker und ausgeprägter. Es empfiehlt sich, ihn im Winter im Topf an einen geschützten Platz zu stellen, allerdings ist es mir auch gelungen, ihn das ganze Jahr über im Gemüsegarten zu lassen, indem ich ihn regelmäßig zurückgeschnitten habe. So hat sich ein dichtes, kleines Kissen (ca. 20 cm hoch) gebildet, geschmückt von kleinen gelben Blüten. Es hat gereicht, den Fuß der Pflanze mit Mulch vor Kälte zu schützen, wobei der Winter aber auch nicht sehr streng war. Blätter und Blüten sind essbar. In Mexiko werden die Blätter auch für einen Aufguss verwendet. Man kann die Blätter in Milch ziehen lassen und daraus einen Pudding kochen.

Mexikanischer Estragon

ECHTER LORBEER

Laurus nobilis

Lauraceae (Lorbeergewächse) * Ausdauernd

J	F	M	A	M	J	J	A	S	O	N	D

Er braucht seine Zeit, um in Gang zu kommen, aber innerhalb weniger Jahre wird aus einem Pflänzchen ein kleiner Baum mit immergrünen Blättern: Vergessen Sie dies nicht, wenn Sie ihn setzen, denn er braucht später einen gewissen Platz und kann vor allem auch Schatten auf den Gemüsegarten werfen.

Verwendung

Die frischen oder getrockneten Blätter verleihen Soßen, Schmorgerichten und Marinaden Aroma. Lorbeer ist für das klassische Kräutersträußchen der französischen Küche, das *Bouquet garni*, unverzichtbar.

Anbau

Das Pflanzloch sollte deutlich größer sein als der Wurzelballen, damit sich die Wurzeln in lockerer Erde gut entwickeln können.

Pflege

In Regionen mit strengen Wintern den Fuß mit Mulch abdecken. Wird der Lorbeer im Kübel gezogen, alle 2–3 Jahre umtopfen, damit er sich gut entwickeln kann.

ROSMARIN

Rosmarinus officinalis

Lamiaceae (Lippenblütler) * Ausdauernd

J	F	M	A	M	J	J	A	S	O	N	D

Ein schöner Halbstrauch mit immergrünen Blättern, der sich gut in eine niedrige Hecke oder auch in ein Beet einfügt. Ab Februar schmückt er sich mit blauen Blüten.

Verwendung

Seine Blätter oder jungen Zweige aromatisieren Grillgerichte und Salate.

Anbau

Den Wurzelballen recht tief einpflanzen und im Winter einen zu feuchten Boden vermeiden, denn der Rosmarin ist dann weniger frosthart – bei trockenem Boden verträgt er dagegen Temperaturen bis −10 °C und tiefer. Es gibt eine kriechende Sorte 'Prostratus', die platzsparender ist.

Pflege

Nicht düngen, sonst verlieren die Blätter an aromatischer Dichte. Regelmäßiges Schneiden sorgt für einen harmonischen Wuchs, ist aber nicht notwendig.

SALBEI

Salvia officinalis

Lamiaceae (Lippenblütler) * Ausdauernd

J	F	M	A	M	J	J	A	S	O	N	D

Am meisten verbreitet ist der Echte Salbei – auch Heilsalbei genannt. Ich mag diese schöne Gewürzpflanze mit dem immergrünen Laub, das je nach Sorte – 'Aurea', 'Tricolor', 'Purpurascens' – unterschiedlich gefärbt ist. Im Wintergarten sieht das hübsch aus!

Verwendung

Zum Verzehr geeignet sind die Blätter, vorzugsweise frisch geerntet, da sie ihr Aroma rasch verlieren. Geben Sie diese sparsam zu Gerichten mit weißem Fleisch, in Soßen, man kann sie in Honig ziehen lassen oder in einem Ausbackteig frittieren.

Anbau

Wenn Sie nicht genügend Platz haben, setzen Sie den Salbei in Blumenbeete, die voll in der Sonne liegen. Im Frühjahr ist der Salbei von violetten Blüten übersät, die bestäubende Insekten glücklich machen.

Pflege

Machen Sie sich keine Sorgen, wenn die Blätter bei starkem Frost abfallen, denn die Pflanze treibt im Frühjahr wieder aus. Wenn die Pflanze ihre unteren Blätter verliert, auf 20 cm Höhe zurückschneiden.

Ananas-Salbei

Er ist wunderschön und trägt seinen Namen zu Recht: *Salvia elegans*. Interessant an dieser Salbei-Art mit vielfältigen Anwendungsmöglichkeiten ist der Ananasduft seiner Blätter. Mit seinen feinen roten Blüten im Oktober ist er zudem dekorativ. Einige gehackte frische Blätter in Obstsalate geben, mit einigen der scharlachroten Blüten bestreuen – ein Hochgenuss!

Ananas-Salbei

BOHNENKRAUT

Satureja montana

Syn.: Winterbohnenkraut, Bergbohnenkraut
Lamiaceae (Lippenblütler) * Ausdauernd

J	F	M	A	M	J	J	A	S	O	N	D

Das immergrüne Laub, das im Frühjahr von einem Teppich aus rosa Blüten übersät ist, die eine Bienenweide bilden, ist sehr dekorativ, nimmt aber auch leicht überhand.

Verwendung

Die Blätter entwickeln ein kräftiges und pikantes Aroma. Frisch oder getrocknet aromatisieren die Blätter Salate, Soßen, Gemüse und vieles mehr.

Anbau

Auf einer offenen Fläche und in einen gut wasserdurchlässigen Boden pflanzen, denn das Bohnenkraut verträgt keine Staunässe.

Pflege

Keine besondere Pflege erforderlich, denn die Pflanze ist robust! Haben Sie keine Hemmungen, ihre Ausbreitung zu bremsen, denn sie wird schnell eine größere Fläche bedeckt haben und an Kraft zunehmen, wenn sie sich weiter verwurzelt.

Außerdem ...

Vernachlässigen Sie im Winter die vielen unterschiedlichen jungen Pflanzen nicht, die sich spontan ausgesamt haben, wo es ihnen gerade gefiel, und die den Winter in Ruhe verbringen werden. Bei starken Frösten können Sie die Pflänzchen, die Ihnen am besten in die Organisation des Gemüsegartens im Frühling zu passen scheinen, mit Mulch schützen. So beispielsweise:

– Kreuzkümmel *(Cuminum cyminum)*, den Sie blühen lassen, um die Samen zu ernten, die sehr gut zu Käse schmecken;

– Fenchel *(Foeniculum vulgare)*, der am schönsten wird, wenn er sich seinen Standort selbst gewählt hat;

– Borretsch *(Borago officinalis)*, der manchmal mitten im Winter blüht.

Kreuzkümmel (Cumin)

Majoran

THYMIAN

Thymus sp.

Lamiaceae (Lippenblütler) * Ausdauernd

J	F	M	A	M	J	J	A	S	O	N	D

Gemeinsam sind den zahlreichen Arten ein immergrünes Laub und Blüten, die bestäubende Insekten anlocken. Den Unterschied zwischen den Arten macht die Zusammensetzung der ätherischen Öle aus, auch wenn diese zudem vom Klima und vom Boden abhängig ist.

Verwendung

Blätter und Blüten vorzugsweise frisch verzehren, denn getrocknet verlieren sie nach und nach ihr Aroma. Erst zum Schluss zu einem Gericht dazugeben, so kommt das Aroma am besten zur Geltung. Um bei den Aromen zu variieren, pflanzen Sie neben dem Echten Thymian (*T. vulgaris*) auch den Sandthymian (*T. serpyllum*), dessen Aroma weniger intensiv ist, der jedoch widerstandsfähiger gegenüber einem feuchten Boden ist, und den Zitronenthymian (*T. citriodorus*), der aber Kälte und nassen Boden schlechter verträgt.

Anbau

Vorzugsweise sollten die Pflanzen direkt gepflanzt werden. Die Aussaat ist mühsamer.

Pflege

Durch einen pflegenden Schnitt wird vermieden, dass der Thymian unten seine Blätter verliert und verholzt. Nicht düngen, denn er liebt karge Böden.

Oregano und Majoran?

Oregano *(Origanum vulgare)* wird auch als Echter Dost oder Müllerkraut bezeichnet. Seine Blätter sind spitz und so kräftig im Geschmack, dass man sie besser getrocknet verwendet. Die kleinen, runden Blätter des Majorans *(Origanum majorana)* werden frisch oder getrocknet genossen. Majoran ist eher auf ein mildes Klima angepasst. Um aber auf den Unterschied zwischen beiden zurückzukommen: Oregano hat ein intensiveres Aroma und wird auch als Wilder Majoran bezeichnet, während der Majoran gerne für Wurst verwendet wird.

ZWIEBEL-
PFLANZEN

SCHALOTTE

Allium cepa* var. *aggregatum, ex-A. ascalonicum

Allioideae (Lauchgewächse) * Durch die Zwiebel ausdauernd, wird aber als einjährige Pflanze kultiviert

J	F	M	A	M	J	J	A	S	O	N	D

In der Familie der aromatischen Zwiebelgewächse zeichnet sich die Schalotte durch die Produktion mehrerer Zwiebeln aus, während die Küchenzwiebel nur eine produziert. Ihr besonderes Aroma macht sie zu einer eigenständig interessanten Ernte mit einer schönen Vielfalt an Formen.

Jermor

Longor

Verwendung

Roh, fein aufgeschnitten in Salaten oder gekocht in Soßen.

Anbau

Es gibt verschiedene Arten, die je nach Form und Farbe der Zwiebel eingestuft werden, aber auch nach der Pflanzperiode und der Haltbarkeitsdauer. Treffen Sie Ihre Wahl anhand Ihres Klimas, insbesondere in Regionen, in denen der Herbst sehr mild und sehr feucht ist, was für die meisten Varietäten nicht gut geeignet ist. Bevorzugen Sie getestete Pflanzen, die gesund sind. In einem gut vorbereiteten Boden, ohne zu viele organische Substanzen (das ist wichtig, da die Schalotte sonst krankheitsanfälliger und weniger gut haltbar ist), setzen Sie die Zwiebeln mit der Spitze nach oben zu zwei Dritteln ihrer Höhe in den Boden, mit 15 cm Abstand innerhalb der Reihe und 30 cm zwischen den Reihen. Ich pflanze sie für eine bessere Durchlüftung versetzt ein. Bei einem schweren Boden bevorzugen Sie wegen einer besseren Wasserdurchlässigkeit die Hügelkultur (10 cm hoch). Während die graue Schalotte im Herbst gepflanzt wird, weil sie ihren Entwicklungszyklus noch vor der Kälte beginnen muss, werden die langen Arten der rosa Schalotte zwischen Mitte Januar und Mitte März und die halblangen Arten im April gepflanzt.

» Die **rosa Schalotte** (*Allium cepa var. aggregatum*, Jersey-Schalotte) gibt es als runde, lange und halblange Varietäten. Die lange Sorte ('Longor' und 'Jermor') weist eine längliche und gleichmäßige Zwiebel mit sehr farbigem und aromatischem Fleisch auf. Sie ist die früheste Sorte. Die halblange ('Red Sun') ist rundlicher, von mildem Geschmack und länger haltbar. Die runde Sorte ('Jersey-Schalotte') ist am wenigsten verbreitet, was wohl daran liegt, dass ihr Geschmack weniger kräftig und typisch ist.

» Die **graue Schalotte** (*Allium oschaninii* und ihre Varietät 'Griselle') ist eine völlig andere Art mit langer, gebogener Zwiebel, einer dicken Schale und bläulich-rosa Fleisch mit ausgeprägtem Geschmack.

» Die **schalottenförmige Zwiebelsorte 'Cuisse de Poulet'** ist eine traditionelle französische Zwiebelsorte, die nur eine Bulbe aufweist. Sie wird im September-Oktober geerntet und hält sich besser als die Schalotte.

Pflege

Die Kultur ist einfach. Begnügen Sie sich damit, zwischen den Reihen zu mulchen oder eher aufzulockern als zu gießen. Bei großer Trockenheit während der Zwiebelbildung reicht bereits einmaliges Gießen. Die Schalotte wird nach Bedarf grün geerntet, sobald sich die Zwiebel gebildet hat, oder, wenn sie aufbewahrt werden soll, erst später, wenn die Blätter trocken sind. Man lässt die Zwiebeln dann einige Tage in der Sonne liegen, bevor sie an einem kühlen und luftigen Ort aufgehängt werden.

Die Ewige Schalotte

Man findet sie auch unter der Bezeichnung ewiger Schnittlauch. Es handelt sich um eine ausdauernde Pflanze *(Allium fistulosum)*, deren Blätter man ganzjährig nach Bedarf erntet, denn sie blüht nicht. Sie ersetzt dank ihres ausgeprägteren Geschmacks den Schnittlauch in Omeletts, Salaten und Suppen. Sie kann auch im Topf kultiviert werden.

ZWIEBEL

Allium cepa

Alliaceae (Lauchgewächse) * Zweijährig

J	F	M	A	M	J	J	A	S	O	N	D

In dieser großen Familie wird meist von den Zwiebeln gesprochen, die sich in Form, Größe, Farbe, Geschmack unterscheiden. Bei dem Versuch einer Klassifizierung geht es nach der Farbe: gelb, rot oder weiß.

Verwendung

Zwiebeln begleiten uns in der Küche das ganze Jahr über, roh oder gekocht, frisch oder getrocknet, ja sogar gedörrt und eingemacht in Essig.

» Die **gelbe Zwiebel** hält sich am besten. 'Paille des Vertus' hat einen recht kräftigen Geschmack, die 'Milden Zwiebeln der Cevennen' sind feiner im Aroma.

» Die **rote Zwiebel** hält sich nach der Ernte weniger lang. Die 'De Brunswick' hat einen leicht scharfen Geschmack, die 'Roscoff-Zwiebel' ist milder im Geschmack.

» Die **weiße Zwiebel** wird frisch genossen, sie wird im Frühjahr, vor der vollständigen Reife, als Frühgemüse geerntet. Die Sorte 'De Vaugirard' ist schön rund, sehr kälteresistent und wird ab Februar gepflanzt. Die 'Snowball' ist dicker, knackig und auch sehr robust.

Anbau

Zwiebeln lassen sich problemlos anbauen, der Erfolg hängt von der Wahl der Sorte und von der Pflanzzeit ab. Traditionelle Sorten sind häufig mit einem Ursprungsgebiet verknüpft, das Teil ihres Namens ist. Zwiebeln bietet man einen an organischen Substanzen kargen Boden – zu viel Dünger mögen sie nicht. Halten Sie sich an das Prinzip der Fruchtfolge und warten Sie mindestens drei Jahre, bevor Sie am selben Ort wieder Zwiebeln, Knoblauch oder Schalotten pflanzen. Bei einer schweren Erde pflanzen Sie im Hügelbeet im Abstand von 10 cm mit der Spitze nach oben, mit einem Abstand von 30 cm zwischen den Reihen. Gießen ist nicht nötig.

Pflege

Die Hauptkrankheiten (Rostkrankheit, falscher Mehltau, Grauschimmel) entwickeln sich in zu feuchter oder zu fetter Erde. Bei guten Anbaubedingungen ist die Zwiebel wenig anfällig. Gegen Fliege (Made) und Motte (Raupe) zwischen den Reihen Karotten und Tagetes ansäen. Das Mulchen ist zu bevorzugen, denn es hindert die Fliege daran, am Wurzelhals ihre Eier abzulegen, achten Sie jedoch darauf, dass sich dort keine übermäßige Nässe bildet. Sie können einige Pflanzen als Köder ihren Zyklus beenden lassen, ohne sie zu ernten.

Weiße Zwiebeln zwischen April und Juni auf mehrere Male ernten. Dadurch können die verbleibenden Pflanzen weiter zulegen und Sie kommen in den Genuss der jungen Zwiebelchen. Farbige Zwiebeln ernten, wenn die Blätter gelb werden und umfallen. Ich binde sie zu einem Strauß, um ihre Reifung voranzutreiben. Die Bulben zwei Tage vor Ort trocknen lassen. Anschließend an einem trockenen und gut belüfteten Ort lagern.

Original und ewig

Bei der Kartoffelzwiebel *(Allium cepa viviparum oder proliferum)*, werden die Luftbulbillen sowie die Blätter verzehrt, deren Geschmack Ähnlichkeit mit Schnittlauch hat. Diese ausdauernde Pflanze wird in einen leichten, wasserdurchlässigen und sonnigen Boden gepflanzt. Sie kann auch im Topf gezogen werden, braucht aber ausreichend Platz, da sie rasch ein schönes Büschel bildet (1 m hoch). Nicht in die Nähe von Bohnen und Erbsen setzen, aber gerne in Begleitung eines Lavendels, um die Fliegen fernzuhalten. Um die Bildung neuer Blätter zu fördern, die den ganzen Winter über gegessen werden können, werden die Stängel, die Bulbillen getragen haben, Ende des Sommers zurückgeschnitten. Um die Pflanze zu vermehren, einige Zweige unter dem Gewicht der Bulbillen nachgeben lassen: Wenn sie den Boden berühren, schlagen sie problemlos Wurzeln, und es bleibt für Sie nichts weiter zu tun, als sie im Frühjahr zu trennen.

Kartoffelzwiebel

LAUCH

Allium porrum

Alliaceae (Lauchgewächse) * Zweijährig

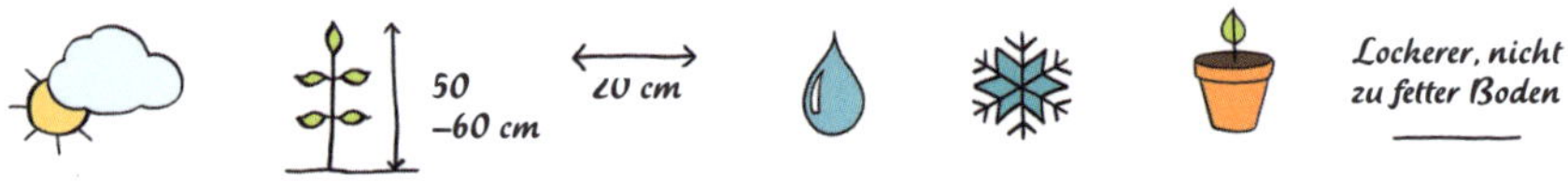

J	F	M	A	M	J	J	A	S	O	N	D

Sich ganzjährig Lauch aus dem Gemüsegarten schmecken lassen? Das ist möglich, vorausgesetzt man wählt die richtigen Sorten. Abgesehen von der Ernteperiode, definiert durch die Kälteresistenz der Pflanze, unterscheiden sich die Laucharten durch die Länge ihres Schaftes (bis zu 30 cm) und die Farbe ihrer Blätter.

Verwendung

Das Weiße (der Schaft) und die Blätter (das Grün) des Lauchs können nach dem Kochen kalt oder warm gegessen werden – lassen Sie Ihrer kulinarischen Fantasie freien Lauf!

Anbau

Der Lauch gedeiht auch dort, wo viele andere Pflanzen unter einem Mangel an Sonnenlicht leiden würden. Folgen Sie bei der Aussaat den Empfehlungen auf den Samentütchen. Wenn die Pflänzchen die Länge eines Buntstifts erreicht haben, ins Beet umsetzen. Sie können die Pflanzen auch kaufen. Nach dem Zurichten – also dem Zuschneiden der Wurzeln und von zwei Dritteln der Blätter – den unteren Teil gut einschlämmen und mit jeweils 15 cm Abstand 15 cm tief einpflanzen, ohne die Erde fest anzudrücken. Dadurch bleiben die Schäfte länger und bleiben schön weiß. Wegen der schönen großen Blütenstände, die in Form violetter Kugeln an der Spitze sitzen, lasse ich einige der Pflanzen blühen. Sie samen sich aus, und so tauchen hier und dort junge Lauchpflanzen auf, die ich umsetze oder ernte, wenn sie die Größe des kleinen Fingers erreicht haben. Ich nenne sie „Lauch-Stäbchen“ – köstlich!

Der „gebogene" Lauch

Diese Auspflanzmethode ergibt weißere und leichter zu erntende Schäfte. Die jungen Lauchpflanzen hierfür in eine kleine, um 45° geneigte Ausgrabung auspflanzen. Den Grund großzügig gießen, danach die Erde bis zum Wurzelhals auffüllen. Die Lauchpflanzen richten sich während ihres Wachstums wieder auf und bilden einen gebogenen, sehr zarten Schaft.

Um ganzjährig Lauch ernten zu können, werden die Aussaaten zeitlich verteilt:

» Rasch wachsende Arten, die im Januar im Frühbeet mit Abdeckung ausgesät werden, werden im Juni geerntet. Dazu gehören die französischen Sorten 'D'Elbeuf' und 'Gros du Poitou', ein Klassiker mit dickem kurzem Schaft und gelbgrünen Blättern, sowie die dunkelgrüne Sorte 'Malabar'.

» Spätere Sorten halten Kälte aus und werden ab September geerntet: 'Winterblau' kann ganzjährig geerntet werden, der 'Saint Victor' mit violetten Blättern ist sehr kälteresistent.

Pflege

Im Laufe der Kultur immer wieder anhäufeln und regelmäßig gießen. Im Winter bleibt der Lauch in der Erde, auch wenn der Boden gefroren ist, und er nimmt sein Wachstum wieder auf, sobald es milder wird. Um ihn ernten zu können, ist jedoch Vorausschau gefragt, der Lauch muss herausgenommen und eingemietet werden. Feind Nummer eins ist die Lauchmotte, besser gesagt die Raupe dieses Nachtfalters. Begrenzen lässt sich ihre Anzahl, indem man zwischen den Lauchreihen Karotten pflanzt.

Der ewige Ackerlauch
(Allium ampeloprasum)

Dieser ausdauernde Lauch, der auch Ackerknoblauch genannt wird, ist ein Wintergenuss, wenn man die Blätter nach einem Frost abschneidet, denn so sind sie am schmackhaftesten. Die Wildform fühlt sich im Süden wohl, denn sie verabscheut, im Nassen zu stehen, und liebt die Sonne. Bulben und Blätter werden roh gegessen. Je mehr man diese schneidet (bis 5 cm von unten, tiefer nicht), desto mehr wachsen sie. Sie werden Anfang des Sommers gelb und verabschieden sich, um im September wiederzukommen.

Ewiger Ackerlauch

KNOBLAUCH

Allium sativum

Amaryllidaceae (Amaryllisgewächse) * Ausdauernde Pflanze,
die ein- oder zweijährig kultiviert wird

J	F	M	A	M	J	J	A	S	O	N	D

Geschmack und Geruch der Knolle, die aus einzelnen Zehen besteht, kennzeichnen den gemeinen Knoblauch (*Allium sativum*). Für einen erfolgreichen Anbau dieser ausdauernden Würzpflanze muss jedoch die Vielfalt der Sorten berücksichtigt werden, die zu unterschiedlichen Zeiten gepflanzt werden.

Verwendung

Im Allgemeinen werden die Knollen verzehrt, roh oder gekocht, gelegentlich eingemacht. Je nach Sorte können auch die Blätter gegessen werden (siehe S. 29).

Anbau

Knoblauch liebt die Sonne und verträgt Frost bis -15 °C. Sein Schwachpunkt: Er fürchtet einen zu feuchten und zu stark gedüngten Boden, daher ist für ihn ein Hügelbeet interessant. Bereiten Sie Furchen von 2–3 cm Tiefe im Abstand von 30 cm vor. Pflanzen Sie alle 15–20 cm eine Brutzwiebel mit der Spitze nach oben. Mit Erde bedecken und leicht festdrücken, die Spitze soll noch herausschauen: „Der Knoblauch muss den Gärtner weggehen sehen“, besagt eine Bauernregel. Er liebt die Gesellschaft von Erdbeeren, Kartoffeln, Salaten, Karotten und Tomaten, bauen Sie ihn jedoch abseits von Hülsenfrüchten an (Bohnen, Erbsen, Ackerbohnen), die den Boden mit Stickstoff anreichern.

» **Herbstknoblauch** wird von Oktober bis Dezember gepflanzt – das gilt für den weißen und den violetten. Er ist nicht lange haltbar und wird daher frisch verwendet.

Bärlauch

Bärlauch

Er ist in der Küche sehr angesagt. Im Frühling findet man ihn wild wachsend *(Allium ursinum)* an kühlen und schattigen Orten. Verzehrt werden seine Blätter, von denen es heißt, dass sie gerne von Bären am Ende des Winters gefressen werden.

Vorsicht beim Sammeln, denn Bärlauch kann mit Maiglöckchen verwechselt werden, die sehr giftig sind. Am besten daran schnuppern: Maiglöckchen haben keinen Knoblauchgeruch.

» **Rosa Knoblauch** wird im Februar-März gepflanzt und ist länger haltbar. Berühmt ist der 'Ail rose de Lautrec'. 'Edenrose' ist eine in schwerem Boden sehr widerstandsfähige Sorte, die vom Herbst bis in den März gepflanzt werden kann – man spricht von einer alternativen Varietät. 'Rose d'Auvergne' und ihre Varietäten 'Clédor' und 'Fructidor' sind, ebenso wie 'Rose d'Italie' und ihre Varietät 'Flavor' für alle Regionen geeignet.

» **Der Ewige Knoblauch oder Schlangenknoblauch (Rockenbolle)** (*Allium sativum var. ophioscorodon*) wird im März in Töpfe gepflanzt. Seine Brutzwiebeln sitzen am oberen Ende eines Blütenstiels und werden den ganzen Sommer über geerntet, kurz bevor sie trocken werden. Im Oktober des zweiten Jahres können die Knollen geerntet werden oder man lässt sie den ganzen Winter in einem wasserdurchlässigen Boden.

Pflege

Wenn der Boden nicht gemulcht ist, regelmäßig hacken. Gießen ist aber nicht nötig. Beginnen die Blätter gelb zu werden, bindet man sie zusammen, damit der Saft die Knollen nährt, wodurch sie zulegen werden. Die Ernte erfolgt 4–5 Monate nach dem Pflanzen im Frühling oder 8–9 Monate nach der Herbstpflanzung, wenn nur noch zwei oder drei grüne Blätter vorhanden sind. Die Knollen einige Tage auf dem Boden trocknen lassen, bevor sie an einem gut belüfteten, frostfreien Ort aufbewahrt werden. Um Schädlinge und Krankheiten in Grenzen zu halten, 5 Jahre warten, bevor an derselben Stelle eine Pflanze derselben Familie gepflanzt wird (Knoblauch, Zwiebel, Schalotte, Lauch). Empfohlen werden zudem Karotten als Begleitkultur.

Rockenbolle-Knoblauch (Schlangenknoblauch)

BLATTGEMÜSE

MANGOLD

Beta vulgaris

Syn.: Krautstiel
Chenopodiaceae (Gänsefußgewächse) * Zweijährig

J	F	M	A	M	J	J	A	S	O	N	D

Mangold, den man je nach Region unter verschiedenen Namen findet (so auch als Krautstiel), ist ein gutes Wintergemüse. Zudem ist er durch Zuchtverbesserungen hinsichtlich der Blätterfarbe eine sehr dekorative Pflanze. So gibt es die Sorte 'Blonde à carde blanche' (helllaubig, weißer Blattstiel), die Hitze sehr gut verträgt, 'Verte à carde blanche' (helllaubig, weißer Blattstiel), 'Ruby Chard' mit rotem Blattstiel, die kräftig rote Sorte 'Feurio', 'Bright Yellow' mit gelbem Blattstiel, 'Pink Passion' mit kräftig rosa Blattstiel oder 'Lucullus' mit weißem Blattstiel und gekrausten grünen Blättern.

Verwendung

Anfangs werden nur die äußeren Blätter geschnitten, später dann auch die anderen, wodurch die Ernte bis in den Winter ausgedehnt werden kann. Die Blätter werden wie Spinat gegessen, die Blattstiele als Gratin oder auch beides zusammen.

Anbau

Ausgesät wird direkt ins Beet, wenn sich der Boden zu Frühjahrsbeginn etwas erwärmt hat. Am einfachsten ist eine Horstsaat, wobei 4–5 Samen in kleine Mulden gelegt werden, die im Abstand von 30 cm ausgehoben werden. Man behält davon nur die schönste Pflanze. Um die Farben zu gliedern, verteile ich die Horste gerne auf Quadratbeete: Man muss nur daran denken, für die Pflanze einen Kreis von 40 cm Durchmesser zur vollständigen Entwicklung vorzusehen. Bedenken Sie auch den Schattenwurf, wenn Sie andere Pflanzen in die Nähe setzen!

Pflege

Wie bei der Rübe (siehe S. 48) gelten auch hier für ein überzeugendes Ergebnis die drei Regeln „für ausreichend Licht sorgen, lockern, mulchen". Mangold ist zugleich schön anzuschauen und wohlschmeckend.

GEMÜSEKOHL

Brassica oleracea

Brassicaceae (Kreuzblütler) * Einjährig und zweijährig

J	F	M	A	M	J	J	A	S	O	N	D

Gemüsekohl ist im Winter unumgänglich und sieht sehr schön aus, wenn der Raureif die Konturen seiner Blätter nachzeichnet. Zudem hat dieses Gemüse eine Vielfalt an Formen und Geschmacksrichtungen zu bieten. Und im Süden? Während der gemeine Kohl entlang der Küsten des Ärmelkanals seinen Ursprung hat, berufen sich andere Arten auf ihre italienischen Eltern. Daher wählt man die Sorten je nach Region.

Verwendung

Jede Kohlsorte hat ihre Besonderheit. Man isst den Kohlkopf oder die einzelnen Blätter, roh oder gekocht. Man lässt sich die Blüten, die Knospen oder die Sprossen schmecken, ebenfalls roh oder gekocht. Durch eine Verteilung auf verschiedene Sorten kann man ganzjährig Gemüsekohl genießen.

Sorten, deren Blätter gegessen werden:

» Der **Kopfkohl** (*var. capitata*) mit glatten, grünen oder roten Blättern wird im Ganzen geerntet, und sein Anbau in mildem Klima ist etwas schwierig. Zwar hält er sich gut über den Winter, verträgt es jedoch nicht immer, in der Erde zu bleiben. 'Quintal d'Alsace', der Kohl für Sauerkraut, wird im Herbst geerntet. Der 'Rotkohl aus Langedijk' mit seinem dicken roten Kopf wird bis in den Dezember hinein geerntet und hält sich frostgeschützt bis ins Frühjahr. Die Sorte 'Express' mit einem kleinen und zarten Kopf wird von Januar bis September ausgesät und kann ganzjährig geerntet werden.

» Der **Wirsing** (*var. sabauda*) ist an seinen krausen, gewellten Blättern und einem recht großen Kopf zu erkennen, dessen äußere Blätter sich kelchförmig öffnen. Er wird ganzjährig angebaut. Die Sorte 'Choux de Pontoise' ist sehr kälteresistent. Eine der größten Arten ist der 'Wirsing d'Aubervilliers', der ab Ende des Sommers und den ganzen Herbst über geerntet wird.

» Der **Grünkohl oder Krauskohl** (*var. sabellica* oder *acephala* und *var. pabularia*) wird ab September und den ganzen Winter über blattweise gepflückt. 'Gulag Stars' bietet unterschiedliche Blätter von grün bis violett. 'Nero di Toscana' hat einen geraden Stängel (bis zu 2 m hoch), der in einem Strauß dunkler, blaugrüner Blätter endet, was ihm den Namen Palmkohl eingetragen hat. Der 'Grand vert du Nord' schmeckt nach den ersten Frösten noch besser.

Chinesische Kohlarten

Man unterscheidet den Chinakohl, auch Pekingkohl genannt *(Brassica rapa subsp. pekinensis)*, mit spitz zulaufendem Kopf, der roh oder gekocht gegessen wird, und den Pak Choi *(var. chinensis)* der keinen Kopf bildet und von dem Blätter und Stiele gegessen werden. Alle sind frostbeständig, reagieren jedoch auf zu viel Hitze, die sie rasch blühen lässt. Gießen nicht vergessen!

Ein ausdauernder Kohl

Der Ewige Kohl *(Brassica oleracea var. acephala)*, auch Daubenton's Green, ist robust und entwickelt sich etwas ungeordnet, ohne einen Kopf zu bilden. Von Februar bis zu den ersten Frösten erntet man nach Bedarf seine immergrünen Blätter und isst sie gekocht. Je mehr Blätter man abschneidet, desto mehr wachsen nach.

Ein Kohl, dessen knolliger Spross gegessen wird

Der **Kohlrabi** (*var. gongylodes*) wird noch jung (mit nicht mehr als 10 cm Durchmesser) bis zu den ersten Frösten geerntet. Die weißen Sorten sind eher Frühjahrssorten, die violetten wie 'Azur Star' und 'Violetter Wiener' (violette Schale, aber weißes Fleisch) sind Sommer- und Herbstsorten.

Kohlarten, deren Blüten gegessen werden

(überentwickelte Blütenstände)

» Der **Blumenkohl** (*var. botrytis*) wird von September bis Dezember geerntet. 'Schneeball', wie der Name treffend lautet, bietet einen schönen, weißen Kopf. 'Merveille de toutes saisons' ist frostbeständig, denn sein voluminöser Kopf wird durch Blätter geschützt. 'Tardif d'Angers' ist ein Erfolgsgarant. 'Violetta di Sicilia' ist eine originale Pflanze mit farbigem Kopf. Und 'Romanesco', ein Wunderwerk in 3-D, ist eine Blumenkohlsorte, die auch Minarett- oder Türmchenkohl genannt wird, was nachvollziehbar ist. Geerntet wird er bis in den November hinein.

» Der **Brokkoli** (*var. italica* oder *var. cymosa*) ist ursprünglich ein Sprossenkohl, der zahlreiche Blütentriebe hervorbringt, die nach Bedarf geerntet werden. 'Verde Calabrese' wird bis in den Oktober hinein geerntet. 'Violet du Cap' hat einen violetten Kopf mit zusätzlichen neuen Sprossen. Der Geschmack ist zwischen dem von Blumenkohl und klassischem Brokkoli angesiedelt. Er wird in mildem Klima bis in den Februar hinein geerntet und fürchtet schneidende Kälte. Seine violette Farbe verstärkt sich im Winter und bleibt auch beim Kochen erhalten. Üppig ist die Sorte ‚Choux broccoli-Raab de printemps': Ihre Blätter, Stängel und Blütenknospen werden, je nach Aussaat roh oder kurz gegart, ganzjährig gegessen.

Ein Kohl, dessen Knospen man isst

Der **Rosenkohl** (*var. gemmifera*) wird nach Bedarf geerntet, vorzugsweise nach den ersten Frösten. Die Sorte 'Choux de Bruxelles de Rosny' ist sehr frostbeständig. 'Red Bull' ist original mit seiner violetten Farbe, die anscheinend auch beim Kochen erhalten bleibt. Ich teste die Sorte dieses Jahr. Allerdings habe ich auch einige Mehlige Kohlblattläuse entdeckt – der Ausgang meines Experiments ist also noch ungewiss!

Anbau

Halten Sie sich für Aussaat und Auspflanzen an die Anweisungen auf dem Samentütchen. Wenn der Boden fett sein soll, muss er auch etwas Kalk (pH-Wert 8) enthalten, um eine Kohlhernie (verursacht durch einen Pilz) zu verhindern. Die Pflanzen mit genügend Abstand voneinander pflanzen, um anschließend problemlos anhäufeln zu können. Außerdem sollen die Pflanzen die Möglichkeit haben, sich großzügig zu entfalten. Zwischen die Rosenkohlpflanzen setze ich Kopfsalate oder ich säe Radieschen (auch wenn man häufig liest, sie würden sich nicht gut vertragen ...).

Ein einäugiger Kohl? Dieser Begriff hat meine Neugier immer geweckt, als ich noch klein war. Ich suchte zwischen den Reihen nach dem „einäugigen Piraten". Um was es sich dabei handelt? Um einen Kohl ohne Mittelknospe, der also im Clan der Kopfkohlsorten keine Zukunft hat. Er wandert direkt auf den Kompost.

Pflege

Neben regelmäßigem Gießen im Sommer, ist die heikelste Phase im Anbauzyklus die Kontrolle der Pflanzen. Während französische Babys entgegen der Geschichte, die man Kindern erzählt, nicht im Kohl geboren werden, trifft dies auf den Großen Kohlweißling leider zu! Und das nicht zu knapp ... Seine Raupen versehen die Blätter rasch mit einem Lochmuster. Durch Anhäufeln am Fuß der Pflanze und durch Mulchen kann die Eiablage begrenzt werden, die vorzugweise im Bereich des Wurzelhalses erfolgt. Um den Geruchssinn der Schmetterlinge durcheinanderzubringen, lege ich geschnittene Tomatenblätter und -triebe auf den Boden: Dieses Jahr hat das gut funktioniert. Kohlerdflöhe, die kleine Löcher in die Blätter fressen, und Mehlige Kohlblattläuse müssen überwacht werden: Was sie gar nicht lieben, ist eine kalte Dusche am Morgen.

AMPFER

Rumex sp.

Polygonaceae (Knöterichgewächse) * Ausdauernd

30 cm · 50 cm · Fetter, leicht saurer Boden

J	F	M	A	M	J	J	A	S	O	N	D

Den leicht sauren Geschmack der Blätter haben die verschiedenen Ampfersorten gemeinsam. Hinzu kommen diätetische und heilkräftige Eigenschaften und vor allem ein einfacher Anbau, unbesorgt auch im Topf!

Sauerampfer *(Rumex acetosa)*

Eine ausdauernde Pflanze, die sich wild auch am Wegesrand findet. Zu erkennen ist sie an ihren lanzettförmigen Blättern. Am meisten kultiviert wird die Sorte ‘Large de Belleville’ wegen ihrer großen und vielen Blätter, die praktisch ganzjährig vorhanden sind.

Gemüseampfer

(*Rumex patientia* oder Englischer Spinat)

Seine langen Blätter können mitten in einem strengen Winter verschwinden. Es zeigen sich aber rasch wieder neue Triebe, und diese schmecken am besten! Alte Blätter können entfernt werden, um das Wachstum neuer, zarterer zu fördern.

Bergsauerampfer *(Rumex arifolius)*

Ein interessantes Merkmal des Bergsauerampfers ist, dass er nicht schießt. Die ausdauernde Pflanze bildet ein imposantes Büschel, das bei einem strengen Winter zurückgehen kann, um, sobald es milder wird, noch schöner wieder auszutreiben. Gepflanzt wird durch Teilen der Büschel. Die Blätter, mit einer ziemlich strukturierten Textur, schmecken verglichen mit dem Sauerampfer milder.

Hainampfer (auch Blutampfer)

(Rumex sanguineus, die Sorte 'Bloody Dock' und *Rumex acetosella* 'Red Stripe')

Dank der Feinheit seiner mit roten Blattadern durchzogenen Blätter fügt er sich gut in dekorative Beete ein, und er findet sich in Salaten wieder, wo seine jungen Blätter äußerst effektvoll sind. Sein Geschmack ist weniger säuerlich als die der Urform, aber ursprünglicher.

Verwendung

Geerntet werden die Blätter nach und nach, vorzugsweise jung. Üblicherweise werden sie gegart verzehrt – in Püree, Suppe, Omelett oder zerkleinert in einer Soße –, aber auch roh in Salaten.

Anbau

Die verschiedenen Arten schätzen leicht saure Böden, die reich an organischen Stoffen sind, niemals jedoch kalkhaltige Böden. Man pflanzt sie in Töpfen oder sät im Frühjahr direkt ins Beet. Etwas Sonne oder Halbschatten sind gut, nicht aber pralle Sonne. Die ersten Blätter können etwa drei Monate nach der Aussaat geerntet werden. Die Pflanzen fühlen sich auch in einem tiefen Topf wohl.

Pflege

In den Quadratbeeten des Gemüsegartens bildet der Ampfer hübsche Einfassungen, er kann jedoch rasch platzraubend werden. Haben Sie keine Scheu, ihn zurückzuschneiden oder zu teilen. In einem trockenen Sommer sollten Sie mulchen und gießen, um den Fuß der Pflanzen frisch zu halten, was das Austreiben junger Blätter begünstigt. Es gibt keine großen Schädlinge oder schwere Krankheiten, aber mit Schnecken könnte es schwierig werden. Beschädigte Blätter abschneiden.

Säuerlich, beruhigend, ein Glücksbringer …

Sie haben sich an Brennnesseln verbrannt? Streichen Sie mit einem frischen Ampferblatt über Ihre Haut, um den Juckreiz zu lindern. Und sicherlich kennen Sie den hübschen vierblättrigen Sauerklee *(Oxalis tetraphylla)*, der als Glücksbringer verkauft wird, mit seinen vierteiligen Blättern mit einem braunen Fleck in der Mitte. Im botanischen Sinn ist dies kein Ampfer. Kultivieren Sie diese kleine ausdauernde Zwiebelpflanze im Winter im Topf und im Haus, um von den zarten Blättern mit dem säuerlichen Geschmack (daher der Name) in Salaten zu profitieren. Die rosa Blüten garnieren Gerichte und Desserts.

SPINAT

Spinacia oleracea

Amaranthaceae (Fuchsschwanzgewächse)
* Ein- oder zweijährig

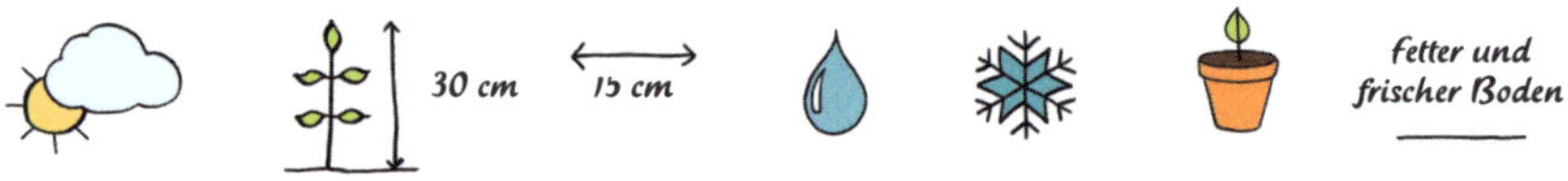

J	F	M	A	M	J	J	A	S	O	N	D

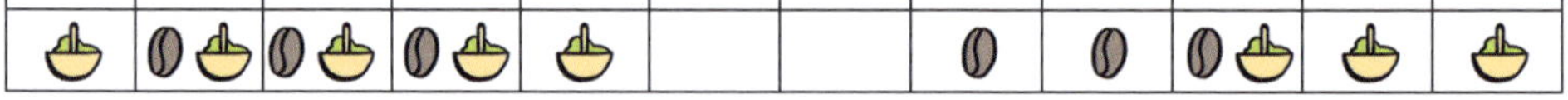

Nachdem der Spinat früher viel zu lange zu einem Brei verkocht wurde, kehrt er mit seinen jungen, knackigen Blättern nun auf unsere Teller zurück und kann, außer während Hitzeperioden, ganzjährig genossen werden. Wie kann man sich zurechtfinden zwischen den Frühjahrssorten, die wegen ihrer Widerstandsfähigkeit gegen das Schossen gewählt werden und den Wintersorten, die man wegen ihrer Winterhärte wählt? Folgen Sie diesem Leitfaden.

Verwendung

Geerntet wird Blatt für Blatt, ohne die Mitte der Pflanze zu beschädigen, die bis zur Blüte weitere Erträge liefert. Für den gekochten Verzehr ist Blattspinat am besten. Aber warum sollte man etwas gegen rohen Babyspinat im Salat sagen!

Anbau

Ich bevorzuge die robusten Sorten, die im Winter ertragreich sind, in der Jahreszeit, in der es nicht so viele junge Blattgemüse gibt. Säen Sie zum Schutz vor den Unbilden des Wetters eventuell in einem Pflanztunnel oder im Hügelbeet, denn der Spinatanbau gelingt in schwerer und sehr nasser Erde nicht leicht. Er liebt einen fetten, lockeren und wasserdurchlässigen Boden. Im Verlauf des Anbaus weiß dieser Starkzehrer Güsse mit Brennnesseljauche zu schätzen. Seine Schwachstelle: Sobald er die erste Hitze abbekommt, blüht er, was der Ernte ein Ende setzt. Rechnet man mindestens sechs Wochen zwischen Aussaat und Ernte, muss

Der Ewige Spinat oder Chenopodium Guter Heinrich (auch Grüner Heinrich oder Wilder Spinat) ***(Chenopodium bonus henricus)***
Botanisch gesehen ist dies kein Spinat, aber man genießt die jungen Blätter als Salat und die festeren gekocht. Im Frühjahr gepflanzt, können Sie diese ausdauernde Pflanze ab September den ganzen Winter über ernten. Sie ist winterhart und wächst in der Wildform bis auf einer Höhe von 1000 Metern. Je mehr Blätter man erntet, desto mehr wachsen nach!

der Spinat also im August gesät werden, damit man sich von Oktober bis Dezember daran erfreuen kann. Im Oktober werden dann die Ernten von Februar–März vorbereitet. Im Februar schließlich sät man, um zu Frühlingsbeginn voller Freude die jungen Blättchen ernten zu können.
Probieren Sie jeden Monat Aussaaten mit geeigneten Sorten, so können Sie hoffen, das ganze Jahr über zu ernten. Wichtig ist das (mäßige) Gießen bei Hitze und das Auslichten auf eine Pflanze alle 10 cm.

» **'Géant d'hiver'** ist winterhart.
» **'Monstrueux de Viroflay'** ist ein Klassiker, der am Ende des Sommers gesät wird.
» **'Matador'** oder **'Viking'**, können ganzjährig angebaut werden.
» **'Butterfly'** ist raschwüchsig und spät blühend.
» **'Erste Ernte'** ist eine alte, robuste Sorte. Wundern Sie sich nicht über das Blassgrün der Blätter, das ist das Merkmal dieser Sorte.
» **'Á feuille de choux de Milan'** ist eine alte, sehr robuste, krausblättrige Sorte.

Pflege

Darauf achten, dass es dem Spinat nie an Wasser mangelt. Da er den Boden erschöpft, mindestens 3 Jahre warten, bis an derselben Stelle wieder ausgesät wird.

Ersatz für den Sommer

Da die Spinaternte mit aufkommender Hitze unterbrochen wird, greifen Sie zum Neuseeländer Spinat *(Tetragonia tetragonoides)*. Zwar gehört er nicht zur selben botanischen Familie, seine Blätter haben jedoch dieselbe Form und werden genauso zubereitet. Er liebt die Hitze und kommt mit Trockenheit gut zurecht. Gesät wird er Ende März unter einer Abdeckung aus Vlies, nachdem die Samen 24 Stunden in lauwarmem Wasser quellen konnten. Vereinzeln auf eine Pflanze alle 50 cm. Von Juni bis Dezember werden die jungen Blätter, später die Zweige geerntet.

WURZELGEMÜSE

SELLERIE

Apium graveolens

Apiaceae (Doldenblütler) * Zweijährig

J	F	M	A	M	J	J	A	S	O	N	D

Mindestens sechs Monate dauert es, bis eine schöne Sellerieknolle entstanden ist. Aber was für eine Gaumenfreude Ende des Jahres! Von den aromatischen Blättern sind so viele vorhanden, dass man gar nicht mehr darauf verzichten möchte.

Verwendung

Gegessen werden die Wurzelknollen gekocht oder roh. Einen Schuss Zitronensaft oder Essig dazugeben, damit er weiß bleibt. Die Blätter werden roh verzehrt, und die gelegentlich gebleichten Blattstiele werden gekocht. Selleriesalz wird je nach Rezept mit den getrockneten und zerkleinerten Blättern oder Wurzeln aromatisiert oder mit den grob zermahlenen Samen.

Anbau

Wenn Sie gerne aussäen wollen, starten Sie von Februar bis Mai im Frühbeet mit Abdeckung, und planen Sie ein, vor dem Auspflanzen zweimal zu pikieren. Aber ganz ehrlich, es ist viel einfacher, die Pflanzen zu kaufen! Pflanzen Sie sie mit 40 cm Abstand erst Mitte Mai ins Freiland, denn Sellerie fürchtet Kälte, und rahmen Sie die Pflanzreihe mit einer Bewässerungsrinne ein, denn es darf den Pflanzen nie an Wasser mangeln. Säen Sie Radieschen oder pflanzen Sie Kopfsalate dazwischen, denn bis zur Ernte vergehen ungefähr vier Monate.

Der **Knollensellerie** (*var. rapaceum*) bietet eine runde Wurzelknolle und hohle Blattstiele. 'Riese von Prag' hält sich gut und ist wenig anfällig für die Rostkrankheit. 'Monarch' bildet große Knollen, die im Winter im Beet bleiben und durch ihre Laubblätter vor Frost geschützt werden.
Der **Schnittsellerie** (*var. secalinum*) kann wie eine ausdauernde Pflanze kultiviert werden. Seine Blätter und Stängel werden je nach Bedarf ganzjährig abgeschnitten. Seine feinen Blättchen erinnern an Petersilie, schmecken aber tatsächlich nach Sellerie.
Der **Stauden-, Stangen- oder Bleichsellerie** (*var. dulce*) wird wegen seiner langen, fleischigen Stängel kultiviert. Die Sorte 'mit roten Stielen' bietet knackige Blattstiele, die ihre Farbe auch nach dem Kochen behalten. Er ist winterhart und scheint weniger anspruchsvoll zu sein als die Sorten mit grünen Stielen. Der 'Violette von Tours' ist sehr robust mit rosa Blattstielen.

Pflege

Knollensellerie in Sand einmieten, nachdem die Blätter bis zum Wurzelhals und die Nebenwurzeln zurückgeschnitten wurden. Zu beobachten sind einige Krankheiten der Laubblätter (Rost, Septoria) bei warmer und feuchter Witterung sowie die Selleriefliege, gute Kultivierungsbedingungen halten die Schäden jedoch in Grenzen. Bauen Sie Sellerie gemeinsam mit Kohl, Lauch und Zwiebeln an, denn er hält von diesen schädliche Insekten fern.

Liebstöckel

Ewiger Sellerie

Diese Bezeichnung teilen sich mehrere Pflanzen. Nennen wir sie also anders!

- **Liebstöckel oder Maggikraut** *(Levisticum officinale)*: Man verwendet die aromatischen Blätter mit dem Aroma des Schnittselleries roh oder gekocht. Im Winter verschwinden sie (daher ist ein Namensschild eine gute Sache), treiben ab Februar aber wieder aus, wodurch die Pflanze interessant ist. Halten Sie ihm einen ausreichend großen Platz frei, denn im Sommer wird er voluminös.
- **Alisander** *(Smyrnium olusatrum)* hat einen sehr viel geringeren Wasserbedarf als der Sellerie, aber dasselbe Aroma. Alles ist essbar: Blätter, Stiele und Wurzeln roh oder gekocht, außerdem die Samen. Probieren Sie auch einmal die Blüten in Schmalzgebäck! Die Aussaat erfolgt von März bis Oktober ins Freiland für eine ganzjährige Ernte.

RÜBE

Beta vulgaris

Chenopodiaceae (Gänsefußgewächse) * Zweijährig

J	F	M	A	M	J	J	A	S	O	N	D

Ob wir eine Rübe haben, die wegen der Qualität ihrer Wurzeln ausgewählt wird, oder Mangold, den der Mensch wegen des Geschmacks und der Schönheit seiner Blätter mit großen Blattadern schätzt, im Grunde ist es dieselbe Wildpflanze. Die Rübe bringt bis zum Frost Leben in den Gemüsegarten. Bei guter Lagerung kann man den milden Geschmack ihrer zumeist roten Wurzeln bis zum Ende des Winters genießen.

Verwendung

Die Wurzeln können – geraspelt oder in dünnen Scheiben – roh gegessen werden, herkömmlicherweise werden sie jedoch gekocht. Nicht entgehen lässt man es sich, einige junge Blätter in Sommersalate zu geben oder Gerichte auf dem Teller damit zu garnieren.

» Die **Rote Bete 'Crapaudine'** bildet schöne längliche Rüben mit dunkelrotem Fruchtfleisch und süßlichem Geschmack. Ihren Namen, der auf Französisch „Kröte" bedeutet, verdankt sie ihrer schrumpeligen Außenhaut.

» **'Ägyptische Plattrunde'** ist eine gute Frühsorte, die sehr hitzebeständig ist.

» **'Rote Kugel'**, kugelrund und rot, ist recht winterhart und kann bei mildem Klima ab April ausgesät werden. Verträgt auch sommerliche Hitze.

» **'Moneta'**, ist schmackhaft und monogerm, d. h. es ist nicht nötig, die Aussaat zu vereinzeln.

» Die **'Chioggia-Rübe'** bietet unter einer roten Schale ein festes Fleisch, weiß mit rosa Muster, einfach fantastisch, wenn man sie roh in dünne Scheiben schneidet (und mit etwas Zitronensaft beträufelt, um die schönen Farben zu erhalten). Beim Kochen wird alles rosa.

» **'Golden Eye'** überrascht durch Rüben mit orangefarbener Haut und sehr schmackhaftem, gelbem Fleisch.

Anbau

Aussaat von März bis Juli, im Freiland 2 cm tief in tiefgründige, tonreiche aber durchlässige Erde. Die Reihen sollten einen Abstand von 25 cm voneinander haben und nach Möglichkeit in der Nachbarschaft von Zwiebeln liegen. Was ein Samenkorn zu sein scheint, ist tatsächlich eine Gruppe von drei oder vier Samen (Knäuel). Die jungen Triebe müssen daher ab einem Stadium von 3–4 Blättern verzogen werden, indem die weniger kräftigen herausgezogen werden, eine Woche später erneut, damit nur eine Pflanze etwa alle 15 cm stehen bleibt. Die Pflanzen, die Sie in diesem Stadium ausreißen, können Sie ebenfalls auspflanzen.

Die Anbauzeit wird auf die geplante Verwendung abgestimmt: Für kleine Rüben als Frühgemüse wird frühzeitig gesät, ab März-April, vorausgesetzt, die Erde hat sich gut erwärmt. Um große Rüben zu erzielen, kann bis Mitte Juli gesät und vereinzelt werden, sodass alle 25 cm eine Pflanze stehen bleibt.

Pflege

Vereinzeln, auflockern, mulchen, das ist etwas mühsam, aber Sie werden es nicht bereuen. Sie können auch leicht anhäufeln, wobei der Wurzelhals aus der Erde schaut, um die Bildung einer schönen Rübe zu begünstigen.

Ein wichtiger Punkt ist das Wasser. Jegliche Austrocknung muss vermieden werden, denn sie hat zur Folge, dass die Pflanze schosst, was das Wachstum der Rübe stoppt und sie zudem faserig werden lässt. Also mulchen ... Die Wurzeln sind frostempfindlich und müssen vor dem Kälteeinbruch herausgenommen oder durch eine dicke Mulchschicht geschützt werden – aber Vorsicht vor Nagern. Sie können die Wurzeln in Sand zwischenlagern, damit sie den Winter geschützt verbringen.

STECKRÜBE

Brassica napus* var. *napobrassica

Syn.: Kohlrübe, Runkelrübe, Runke, Erdkohlrabi, Butterrübe
Brassicaceae (Kreuzblütler) * Ausdauernd

J	F	M	A	M	J	J	A	S	O	N	D

Lange Zeit hat man dieses Gemüse, genau wie den Topinambur, mit Zeiten von Einschränkungen und Krieg verbunden. Aber nun kommt es zurück in die feine Küche, um Wintergerichte zu aromatisieren. Verzichten Sie also im Gemüsegarten nicht darauf ...

Verwendung

Junge Steckrüben können sogar roh gegessen werden, meist jedoch kommen sie gekocht in einer Suppe, einem Eintopf oder püriert auf den Tisch. Auch die Blätter sind essbar, gekocht in einer Suppe oder einem Gratin.

Grundsätzlich ist die Steckrübe ein bekanntes Wurzelgemüse, dessen Geschmack recht schwierig zu beschreiben ist. Vertieft man sich jedoch in Samenkataloge, wird es noch komplizierter: Dort findet man Aromen, die je nach Herkunft variieren, darunter wahrscheinlich eine spontane Kreuzung zwischen einem Grünkohl und einer Speiserübe. Bei der Bezeichnung spielt gelegentlich die Farbe eine Rolle. So werden die weißfleischigen Sorten als Kohlrüben klassifiziert, darunter auch 'Rutabaga blanc géant de Vendée', 'Rutabaga blanc d'Aubigny à collet rose' oder 'Niko' mit grünem Kragen. Gelbfleischige Sorten gelten häufig als Steckrüben mit Sorten wie 'Globus', schön rund mit grünem Kragen, 'Rutabaga virtue' mit violettem Kragen, schwer zu unterscheiden von der Speiserübe, solange man das gelbe Fleisch nicht aufschneidet, 'Marian', rund mit rosa Kragen, 'Wilhelmsburger' oder 'Hoffmanns Gelbe'.

Anbau

Im Mai kann direkt im Freiland ausgesät werden, in Reihen oder vorzugsweise in Horsten von 3–4 Samen mit 40 cm Abstand zwischen den Horsten, um dann nur den schönsten Keimling zu behalten.

Pflege

In einem strengen Winter mulchen, um die Ernte zu erleichtern, dabei aber auf kleine Nager achten, die diesen Unterschlupf schätzen. Die jungen Rüben (maximal 10 cm Durchmesser) nach Bedarf ernten, sie sind sehr zart und besonders schmackhaft.

SPEISERÜBE

Brassica rapa* var. *rapifera

Brassicaceae (Kreuzblütler) * Zweijährig, als einjährige Pflanze kultiviert

J	F	M	A	M	J	J	A	S	O	N	D

Wird die Speiserübe im richtigen Moment geerntet und sofort verzehrt, ist sie einzigartig knackig und schmackhaft und bietet mitten im Winter eine leicht süße Geschmacksrichtung, die je nach Sorte durch eine pikante Note zur Geltung kommt. Die Schale ist gelb, weiß, schwarz oder zweifarbig. Guten Appetit!

Verwendung

Verzehrt wird die Rübe gekocht, man kann sie aber auch roh essen. Man genießt die jungen Blätter roh im Salat oder in einem Eintopf.

Es gibt Frühjahrssorten und Sorten für den Herbst und Winter, diese werden von Mitte Juli bis September gesät. Im Namen tragen sie häufig den Ort ihrer Herkunft, wie Nancy, Mailand (Milan), Péronne in Nordfrankreich oder Caluire im Umland von Lyon. Hier eine Auswahl:

» **'Navet de Nancy à feuille entière'**, rund und weiß mit violettem Kragen, festes Fleisch, sehr robust und gut haltbar.

» **'Blanc globe à collet violet'**, „Weiße Kugel mit violettem Kragen" – ein passender Name für diese Rübe mit weißem, festem Fleisch. Geerntet wird, wenn die Rübe einen Durchmesser von 5–7 cm hat.

» **'Navet de Milan à collet rose'**, abgeflachte Form, wenig anfällig für das Schossen, interessant für ein mildes Klima.

» **'Navet de Péronne'**, ein Original, besitzt eine längliche Form und einen süßen Geschmack.

» **'Goldene Kugel',** auch in Deutschland unter dem Namen **'Jeaune boule d'or'** zu finden, rund (10 cm Durchmesser) mit gelber Schale und süßem, gelbem Fleisch. Junge Rüben können roh gegessen werden.

» **'Navet noir long de Caluire'**, eine längliche Rübe mit schwarzer Schale und weißem Fleisch, zart und sehr süß. Recht ähnlich wie 'Blanc dur d'hiver'.

» **'Des vertus Marteau'** wirkt gar nicht wie eine Speiserübe mit ihrer weißen, 12–16 cm langen, unten bauchigen Wurzel. Ihr zartes und süßes Fleisch ist sehr schmackhaft. Die junge Rübe ernten, denn später neigt sie dazu, hohl zu werden.

Anbau

Gesät wird in einen gut vorbereiteten, an der Oberfläche fein durchgearbeiteten Boden direkt ins Freiland in 1 cm tiefe Furchen und im Abstand von 25 cm. Für eine gute Feuchtigkeit sorgen, jedoch ohne Übertreibung.

Pflege

Sobald die jungen Pflanzen einige Blätter haben, wird vereinzelt, dann erneut bei der ersten Ernte junger Rüben, wobei man alle 10 cm eine Pflanze weiterwachsen lässt. Ernten Sie die verbliebenen Rüben vor dem Frost, denn der Teil, der aus dem Boden schaut, ist kälteempfindlich. Der erste Reif ist das Signal dafür, zu ernten, er beschädigt die Rüben jedoch nicht. Die Rüben einen Tag auf dem Boden trocknen lassen, die Blätter über dem Wurzelhals abschneiden und die Rüben in einem frostfreien Raum lagern oder einmieten. Schädlich sind alle Schädlinge, die die Familie der Kreuzblütler betreffen: Die Fliege (sie legt ihre Eier auf Höhe des Wurzelhalses ab, damit ihre Larven sich an den Wurzeln gütlich tun können) und der Kohlerdfloh (er durchlöchert die Blätter so stark, dass deren Wachstum gefährlich gebremst wird). Der wirksamste Schutz ist das Anbringen eines Netzes, um die Insekten fernzuhalten.

Mizuna – Japanischer Senfkohl

Der pikante Geschmack der Blätter verbindet die recht unterschiedlichen Pflanzen dieses Namens. Uns interessiert hier der botanisch gesehen „echte" Japanische Senfkohl, denn dabei handelt es sich um eine Speiserübe *(Brassica rapa japonica* oder auch *Brassica rapa var. nipposinica)*, man findet sie aber auch unter dem Namen Mizuna. 'Scarlet Ohno Revival' ist eine Sorte dieser roten Speiserübe. Sie ist klein, hat eine kräftig rosa Schale und weißes Fleisch. Geerntet wird sie bei einem Durchmesser von 5 cm. Auch die Blätter sind ein Genuss!

Hinweis: Es gibt einen Senfkohl namens „Wasabino", der geschmacklich an Wasabi erinnert, aber nicht mit ihm verwechselt werden sollte. Der echte Wasabi ist der Japanische Meerrettich *(Eutrema japonicum)*.

'Blanc dur d'hiver.'

KAROTTE

Daucus carota

Apiaceae (Doldenblütler) * Zweijährig

J	F	M	A	M	J	J	A	S	O	N	D

Karotten haben unterschiedliche Formen: kurz oder lang, mit rundem oder spitzem Ende oder kugelig. Durch unterschiedliche Aussaatzeiten und Sorten und durch Aussaaten im Abstand von jeweils drei Wochen, können Sie sich ganzjährig an frischen Karotten erfreuen.

Verwendung

Sie gereicht jeder Küche zur Ehre, roh oder gekocht, süß oder herzhaft. Durch raschen Verzehr nach der Ernte oder durch Lagern in feuchtem Sand, bleiben Knackigkeit und saftiges Fleisch erhalten. Keinesfalls darauf verzichten, die verschiedenen Sorten zu testen.

Anbau

Durch Aussaat im Mai und Juni sorgen Sie für Ernten während des ganzen Winters. Das Saatdatum hängt jedoch von der Sorte ab, also die Angaben auf dem Samentütchen genau lesen! Von Februar bis April ist es ratsam, im Frühbeet mit Abdeckung auszusäen, denn die Erde muss sich (auf mindestens 8 °C) erwärmt haben, damit die Samen gut keimen können. Säen Sie in Reihen, so lässt es sich leichter ausdünnen. „Wer dicht sät, wird wenig ernten“, diese Bauernregel erhält bei diesen feinen Samen ihre volle Bedeutung. Man mischt die Samen mit Radieschensamen zu einer Aussaat. Da die Radieschen drei Wochen später geerntet werden, lassen sie der Karotte Zeit zum Wachsen. Die Keimung braucht 10–15 Tage, in diesem Stadium ist sehr sorgfältiges Unkrautjäten angesagt.

Für den Winteranbau zu empfehlen sind:

- » **'Demi-longue hâtive'**, eine halblange, frühe Sorte. Sie kann im Februar als Frühkultur unter einem Pflanztunnel angesät werden.
- » **'Halblange Amsterdamer'** können ab Januar ins warme Frühbeet oder ab März ins Freiland gesät werden.
- » **'Carottes de Carentan'** ist eine Frühsorte mit langen Wurzeln, die schweren Böden gut angepasst ist.
- » **'Carotte de Guérande'** produziert Wurzeln in Form kleiner, orangefarbener Kegel.
- » **'Weiße Küttiger'**, mit weißem Fleisch, weniger süß als eine klassische Karotte.
- » **'Tilques-Karotte'**, eine alte, späte Sorte aus dem französischen Département Pas-de-Calais, die Kälte gut verträgt. Durch Einmieten ist sie gut haltbar, sodass man sie bis in den März hinein verwenden kann.
- » **'Carotte de Colmar à coeur rouge'** ist eine späte Sorte mit rotem und süßem Fleisch, gut haltbar.

Pflege

Herrscht bei der ersten Aussaat eine sehr feuchte Witterung, besteht die Gefahr des Angriffs durch einen Pilz, der die Umfallkrankheit verursacht, auch als Schwarzbeinigkeit bezeichnet. Dann bleibt nur, an einer anderen Stelle neu zu säen. Da der Entwicklungszyklus der Karotte lang sein kann (bis zu 200 Tage), ist es besser, sie mit Begleitpflanzen anzubauen: Radieschen, Bohnen, Erbsen, Kopfsalat, Tagetes.

Ein Ausdünnen ist unerlässlich, um eine homogene Kultur schöner Größe zu erzielen. Bei Trockenheit ist Gießen willkommen, um die Bildung hohler Wurzeln zu vermeiden. Gegen die Möhrenfliege, deren Raupe das Innere der Wurzeln anknabbert, pflanzen Sie Knoblauch, Zwiebeln oder Lauch in der Nachbarschaft. Häufig liest man, dass die Rübe keine gute Nachbarin sei, ich habe aber (weil ich diesen Rat vergessen hatte ...) beide in nebeneinanderliegende Reihen gesät und damit einen gewissen Erfolg erzielt. Wenn sich die Kälte ankündigt, ernten Sie und legen die parierten Wurzeln (das Grün 2 cm vom Wurzelhals abschneiden) in feuchten Sand. In gemäßigten Regionen kann eine Schicht Mulch vor Frost schützen und die Ernte länger möglich machen.

Regenbogen-Karotten

Sie werden Samentütchen mit gemischten Farben finden. Die Wurzeln werden weiß, gelb, rot, rosa, violett oder orange. Ich empfehle Ihnen, sie jung zu ernten, denn da nicht alle Sorten denselben Entwicklungszyklus haben, neigen einige später dazu, faserig zu werden.

TOPINAMBUR

Helianthus tuberosus

Asteraceae (Korbblütler) * Ausdauernd

J	F	M	A	M	J	J	A	S	O	N	D

Wenn der Topinambur in den Gärten immer präsent geblieben ist, dann wegen seiner hübschen, gelben Blüten im Herbst, die sich in Blumensträußen gut halten. Inzwischen kehrt er jedoch wegen des feinen Geschmacks seiner Wurzeln, der ihm den Beinamen Jerusalem-Artischocke eingetragen hat, in den Gemüsegarten zurück.

Verwendung

Genießen lassen sich seine bizarren Wurzelknollen, die recht schwierig zu schälen sind, gekocht und püriert, als Suppe oder gedünstet. Werden sie jung geerntet, können sie auch roh geraspelt gegessen werden.

Je nach Sorte variieren die Rottöne: 'Sakhalinski' ist violett und leicht länglich, 'Violet de Rennes' birnenförmig, 'Fuseau' rosa und süßlich.

Anbau

Die Wurzelknollen werden 10 cm tief mit dem Keim nach oben und im Abstand von 40 cm gepflanzt, damit sie ihr Wurzelsystem großzügig entwickeln können. Wählen Sie einen guten Platz, denn sie wuchern stark und werfen auf ihre Nachbarn Schatten.

Pflege

Mulchen Sie bei Trockenheit und um die Ernte zu erleichtern, wenn die Knollen den Winter über in der Erde bleiben, aber achten Sie auf Nager, die diese Art von Unterschlupf zu schätzen wissen. Haben die Pflanzen eine Höhe von 20 cm erreicht, wird angehäufelt, damit sie dem Wind besser standhalten. Am Ende eines feuchten Herbstes können die Blätter von einem Pilz (Echter Mehltau) befallen werden, der einen weißen, pulverigen Belag verursacht, der aber folgenlos für den Anbau bleibt. Das Gemüse ist sehr robust.

Die Ernte erfolgt mit einer Grabegabel, wenn das Blattwerk trocken ist. Die Knollen halten sich schlecht und müssen schnellstmöglich verarbeitet werden.

PASTINAKE

Pastinaca sativa

Apiaceae (Doldenblütler) * Zweijährig

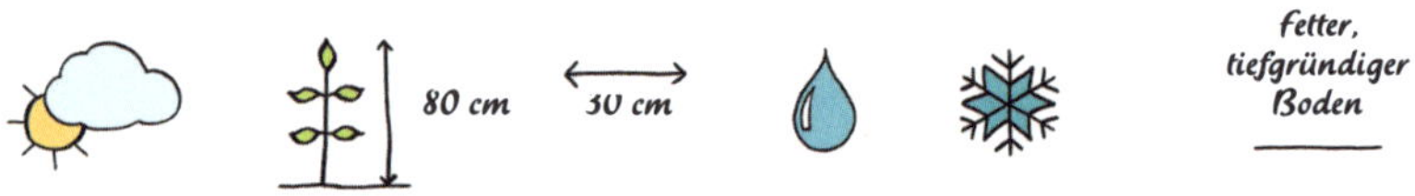

J	F	M	A	M	J	J	A	S	O	N	D

Mit ihrem milden und süßlichen Geschmack, der durch die Karotte lange verdrängt wurde, ist sie ein in Vergessenheit geratenes Gemüse geworden. Es wird Zeit, sie wieder in den Gemüsegarten einzuladen, denn dort wird die Pastinake den ganzen Winter über einen erstklassigen Platz einnehmen.

Verwendung

Die weiße Wurzel wird nicht geschält, abbürsten reicht. Ihr Geschmack erinnert an Karotte, nur etwas ausgeprägter, vor allem dann, wenn nach einem Frost geerntet wurde, dabei ist die Textur recht weich und sämig. Man isst die Pastinake roh, gekocht oder in Form von Chips (köstlich zu einer Gemüsesuppe).

Anbau

Direkt ins Freiland säen, dabei zwischen den Reihen 30 cm Platz lassen. Nur frische Samen verwenden, denn sie verlieren ihre Keimfähigkeit schnell.

» **'Halblange von Guernsey'** hat fleischige Wurzeln, die 15 cm lang werden können.

» **'Kral Russian'**, eine alte russische Sorte, ist für alle Böden und für jedes Klima geeignet – das raue Klima eingeschlossen. Charakteristische rundliche Wurzel.

» **'White Gem'** ist für schwere Böden geeignet. Ihre weißen, mittelgroßen Wurzeln sind besonders schmackhaft.

Pflege

Sorgfältig Unkraut jäten, denn die Pflanzen keimen gelegentlich langsam und lassen daher kräftigeren, unerwünschten Pflanzen Platz. In mehreren Etappen vereinzeln, bis auf letztlich eine Pflanze alle 10 cm. Vermeiden Sie während der gesamten Entwicklung Trockenheit, denn die Wurzeln werden rasch faserig. Ernten können Sie nach Bedarf den ganzen Winter über, denn die Wurzeln sind winterhart und können im Boden bleiben. Um die Wurzeln auch bei gefrorenem Boden genießen zu können oder um ihre Haltbarkeit bei aufgeweichtem Boden zu verbessern, werden sie eingemietet. Achtung vor dem Pflanzensaft bei der Ernte und bei der Zubereitung, denn er kann Hautreizungen verursachen. Es ist interessant, einige Wurzeln in der Erde zu lassen, damit die Pflanze blüht, denn sie lockt zahlreiche Insekten an. Im Gegensatz zu ihrer Verwandten, der Karotte, wird die Pastinake nicht von der Möhrenfliege befallen, die Gänge in die Wurzeln frisst.

Die Zuckerwurzel

Dabei handelt es sich um eine recht robuste ausdauernde Pflanze *(Sium sisarum)*, die bis -20 °C winterfest ist, aber auch die Sonne liebt. Sie bildet ein schönes Büschel (1 m hoch), das zahlreiche hellbeige Wurzeln produziert, deren Geschmack an die Pastinake erinnert, jedoch süßer ist. Sie verliert ihr Blattwerk, daher muss ihr Standort gekennzeichnet werden, um die Wurzeln nach Bedarf zwischen Oktober und März ernten zu können. Man isst sie gekocht, ohne sie schälen zu müssen – einfaches Abbürsten unter fließendem Wasser reicht. Zur Vermehrung werden im Frühjahr junge Triebe vom Fuß der Mutterpflanze entnommen. Sie können aber auch im Oktober aussäen.

Der Knollen-Ziest (Japan-Knolle)

Unter den Wintergemüsen, deren Anbau wegen ihres ursprünglichen Geschmacks – ähnlich der Artischocke – und ihrer einfachen Kultivierung interessant ist, nimmt der Knollen-Ziest *(Stachys sieboldii)* einen guten Platz ein. Zudem bekommt man ihn nur selten auf dem Markt, und wenn, dann ist er häufig sehr teuer. Reservieren Sie ihm einen guten Standort, denn er wuchert etwas. Sein Pflanzenwuchs ist nicht sehr dekorativ, und er blüht in unserem Klima nicht. Pflanzen Sie seine kleinen, seltsam knorrig-wulstigen Wurzeln im Frühjahr. In einem fetten und wasserdurchlässigen Boden vermehren sie sich übers Jahr. Ernten können Sie nach Bedarf, wenn das Blattwerk gelb zu werden beginnt (Oktober–November) und bis in den März hinein. Lassen Sie für die nächstjährige Ernte auch Wurzeln im Boden. Die Wurzeln werden gekocht gegessen. Sie müssen nicht geschält werden, einfaches Abbürsten genügt.

PETERSILIENWURZEL

Petroselinum crispum* var. *tuberosum* ou *P. radicosum

Apiaceae (Doldenblütler) • Zweijährig

J	F	M	A	M	J	J	A	S	O	N	D

Mit diesem Gemüse, das auch unter den Bezeichnungen Wurzelpetersilie oder Knollenpetersilie bekannt ist, gelingt Ihnen ein Doppeltreffer: Seine weiße Wurzel, die Ähnlichkeit mit der Pastinake hat, entwickelt einen leicht pikanten Geschmack, und seine Blätter haben ein feines Aroma. Die Petersilienwurzel verdient einen schönen Platz im Gemüsegarten, denn ihr Anbau ist noch dazu ganz einfach.

Verwendung

Die Wurzeln werden gekocht und finden Verwendung in Eintöpfen, bei Ofen- und Schmorgerichten – oder auch als Chips. Sie können ebenso roh geraspelt wie Sellerie gegessen werden. Die aromatischen Blätter werden wie die übliche Petersilie verwendet.

Anbau

Lassen Sie die Samen wie bei allen Petersilienarten über Nacht in lauwarmem Wasser einweichen. Anschließend in feine, lockere Erde aussäen.

Pflege

Behalten Sie nur eine Pflanze alle 30 cm, halten Sie die Bodenfeuchtigkeit konstant, ohne übermäßige Nässe. Die Blätter nach Bedarf ernten, dabei zwei Drittel übrig lassen, um das weitere Wachstum der Wurzel zu gewährleisten. Die Wurzeln können den gesamten Herbst über und bis zu den ersten Frösten geerntet werden, sobald sie eine Größe von 10–15 cm erreicht haben. Zum Aufbewahren einmieten. Die robuste Petersilienwurzel braucht keine besondere Pflege.

Die Petersilie, ein Blattgemüse

Ob glatt *(Petroselinum sativum)* oder kraus *(Petroselinum crispum)*, das Blattwerk wird frisch oder gekocht verwendet, um damit in jeder Jahreszeit Gerichten Geschmack zu geben. Aussaat von März bis August. Lassen Sie eine Pflanze schossen, damit sie Samen bildet, die sich spontan dort aussamen. Achtung: Die Pflanze ist etwas eigenwillig und wächst, wo es ihr gefällt.
Unserer glatten Petersilie äußerlich sehr ähnlich ist die Arabische, Asiatische oder Chinesische Petersilie *(Coriandrum sativum)*. Bei dieser Pflanze, die einer anderen Gattung als die Petersilie angehört, handelt es sich um den Echten Koriander: eine kälteempfindliche Pflanze, die ihren Lebenszyklus vor dem Herbst beendet.

RETTICH

Raphanus sativus

Brassicaceae (Kreuzblütler) * Zweijährig, einjährig kultiviert

J	F	M	A	M	J	J	A	S	O	N	D

Der Rettich ist nicht unbedingt das erste Gemüse, an das man für den Winter denkt, man hat eher die jungen und knackigen rosa Wurzeln des Frühjahrs vor Augen. Dabei werden jedoch die Wintersorten vergessen, deren Wurzeln mehr oder weniger lang sind, weißes, etwas pikantes Fleisch haben und unsere Geschmacksknospen Ende des Jahres erfreuen.

Verwendung

Roh, geraspelt oder in dünnen Scheiben, am besten frisch geerntet, denn er verliert seine Knackigkeit recht schnell. Gekocht wird er wie die Speiserübe. Als Saft, allerdings eher wegen der gesundheitlichen Vorteile als wegen der Freude an diesem Getränk (probieren Sie es, dann wissen Sie, was ich meine ...). Das Rettichgrün kann auch in Suppen verwendet werden.

» **'Noir gros long d'hiver'**, eine Wurzel mit schwarzer Haut und weißem Fleisch, die 30 cm lang werden kann.
» **'Radis noir gros rond d'hiver'**, eine kürzere Wurzel, deren Aroma jedoch intensiver ist als beim langen Rettich.
» **'Rose d'hiver de Chine'**, eine Wurzel mit rosa Haut und weißem Fleisch, die sich weniger gut hält.
» **'Violet de Gournay'**, eine Wurzel mit dunkelvioletter Haut, weißem Fleisch und süßlichem Geschmack, die roh gegessen wird.

Anbau

Wichtig ist, den Boden aufzukratzen, um in eine feine und lockere Erde zu säen. Sorten mit runden Wurzeln werden an der Oberfläche ausgesät und mit einer dünnen Erdschicht abgedeckt, die gut festgedrückt wird. Sorten mit längeren Wurzeln werden in Rillen von nicht mehr als 2 cm Tiefe gesät. Entscheidend für ein gutes Keimen ist, wie bei allen Rettichsorten, die Bodentemperatur: Sie soll mindestens 12 °C, aber auch nicht sehr viel mehr betragen. Säen Sie im Sommer daher im Halbschatten.

Japanische Rettiche

Daikon-Rettiche sind schwarze Rettiche, die unter verschiedenen Namen bekannt sind: Japanischer Rettich, Chinesischer Rettich oder Winterrettich, klassifiziert als *Raphanus sativus* var. *longipinnatus*. Es gibt zahlreiche Sorten, deren imposante Wurzeln ein zartes, weißes oder grünes Fleisch von mildem Geschmack bieten. Die Ernte erfolgt ab August und bis direkt vor den Frost. So können hohle und faserige Wurzeln vermieden werden.

Ein Verwandter, dem es nicht an Schärfe mangelt

Eine weitere Wurzel ist der Meerrettich *(Armoracia rusticana)*, der zwar ziemlich wuchert und sich jedem Versuch des Ausrottens widersetzt, der jedoch den Vorzug hat, auch strengen Wintern zu trotzen. Wenn Sie also einen Platz haben, an dem Sie ihn isolieren können, in der Sonne oder im Halbschatten, pflanzen Sie ihn im Frühjahr, um von September bis April ernten zu können. Die frische Wurzel wird in kleinen Mengen geraspelt gegessen, als Würzmittel anstelle von Senf, der zur selben botanischen Familie gehört wie der Rettich. Meerrettich ist wie Wasabi, der auch als Japanischer Meerrettich bezeichnet wird, kälteempfindlich, und seine Kultivierung ist nicht ganz einfach.

HAFERWURZEL

Tragopogon porrifolius

Asteraceae (Korbblütler) * Zweijährig

J	F	M	A	M	J	J	A	S	O	N	D

Diese Wurzel mit sehr feinem Geschmack erlebt gerade ihr Comeback in der Küche. Ihre leichte Kultivierung und ihr Ertrag im Winter sind zwei Trümpfe, die für ihre Anwesenheit im Gemüsegarten sprechen.

Verwendung

Die fein schmeckende Wurzel wird gekocht verzehrt. Sie wird rasch trocken, nachdem man sie aus der Erde geholt hat, und sollte daher rasch verzehrt werden!

Anbau

Je länger die Haferwurzel im Boden bleibt, desto fleischiger werden ihre Wurzeln. Ab März kann direkt ins Freiland in fetten Boden gesät werden, in Reihen, die einen Abstand von 30 cm voneinander haben sollten. Achten Sie auf die Verwendung frischer Samen, da diese ihre Keimfähigkeit rasch verlieren. Die ertragreichsten Sorten mit dem feinsten Geschmack sind 'Salsifis blanc amélioré' und 'Salsifis blanc géant de Russie'.

Pflege

So vereinzeln, dass alle 10 cm eine Pflanze stehen bleibt. Bei längerer Trockenheit gießen. Haferwurzeln können zwei Jahre in Folge angebaut werden, Schwarzwurzeln bis zu vier Jahre, wenn die Blüten abgeschnitten werden, bevor sie Samen ausbilden. Mit der Ernte beginnen, wenn die Wurzeln eine Länge von 30 cm erreicht haben, das ist normalerweise Mitte Oktober. Vorsichtig herausziehen, denn die Wurzeln brechen leicht. In Regionen mit längerem Frost werden sie geerntet und für den Verzehr im Winter eingemietet.

Haferwurzel oder Schwarzwurzel?

Auch wenn der Geschmack ihrer Wurzeln und ihr Entwicklungszyklus im Gemüsegarten recht ähnlich sind, sollten Haferwurzel und Schwarzwurzel *(Scorzonera hispanica)* nicht verwechselt werden. Die Wurzeln der Haferwurzel sind weiß, die der Schwarzwurzel schwarz. Die Haferwurzel ist eine zweijährige Pflanze, die Schwarzwurzel ist ausdauernd, wird jedoch häufig als einjährige oder zweijährige Pflanze kultiviert. 'Scorsonère géante noire de Russie' ist die robusteste Schwarzwurzelsorte. Sie besitzt einen feinen Geschmack. Ihre jungen Blätter werden im Salat gegessen.

SALATE

KERBEL

Anthriscus cerefolium

Apiaceae (Doldenblütler) • Zweijährig

J	F	M	A	M	J	J	A	S	O	N	D

Lange stand er im Schatten seiner Verwandten, der Petersilie und dem Schnittsellerie, jedoch verdient er seinen Platz im Gemüsegarten, denn sein Anbau ist sehr einfach. Entdecken Sie das anisähnliche Aroma seiner Blätter neu.

Verwendung

Seine Blätter und jungen Stängel werden frisch verwendet, um Rohkost, Suppen und Soßen Aroma zu verleihen. Getrocknet verlieren sie an Geschmack.

Anbau

Dünn und an der Oberfläche säen, die Samen mit einer feinen Erdschicht abdecken. Die Pflanzen können auch im Topf gekauft werden.

Pflege

Auf einen Abstand von 10 cm vereinzeln und regelmäßig gießen. Eine Pflanze blühen lassen, damit sie sich aussamen kann, wo es ihr gefällt. Häufig habe ich gehört, Kerbel würde Nacktschnecken fernhalten, aber wirklich überzeugt bin ich davon nicht ... Bei der **Kerbelrübe** (*Chaerophyllum bulbosum*) sind nur die

kleinen, länglichen Wurzeln (sie sehen aus wie kurze ockerfarbene Minikarotten) genießbar. Ernten Sie diese, nachdem die Laubblätter im Sommer verschwunden sind. Die Wurzeln einmieten und einige Wochen bis zum Verzehr warten, dann sind sie noch süßer und schmackhafter und erinnern an Esskastanien. Die Samen brauchen zum Keimen Kälte: Säen Sie zwischen Oktober und Februar, damit die Pflanzen im Frühjahr wachsen.

Die Blätter werden nicht verzehrt, sie können sogar giftig wirken.

Wildpflanze mit Anisaroma

Der Myrrhenkerbel *(Myrrhis odorata)*, auch als Süßdolde bekannt, findet sich wild auf Feuchtwiesen. Seine Blätter werden wegen ihres Anisaromas verwendet, und zwar roh. Im Oktober verschwinden sie, um im März wieder auszutreiben, denn die Pflanze ist ausdauernd. Achtung: In der Familie der Umbelliferae gibt es nicht nur gute Kräuter! Der Gefleckte Schierling und der Wasserschierling mit ihrer enorm giftigen Wirkung haben Ähnlichkeit mit der Süßdolde. Vorsicht also beim Ernten!

Myrrhenkerbel (Süßdolde)

ZICHORIEN

Cichorium

Asteraceae (Korbblütler) × Einjährig

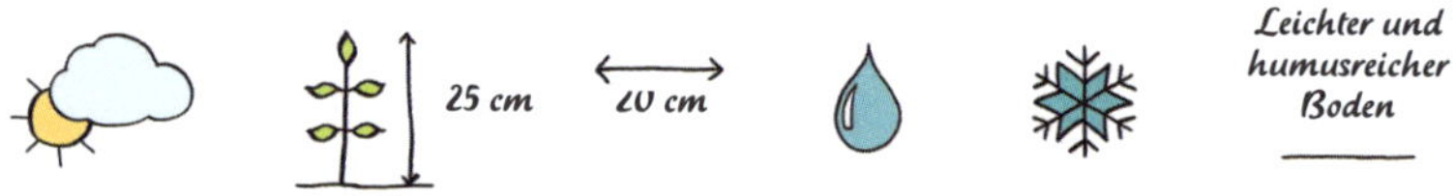

J	F	M	A	M	J	J	A	S	O	N	D

Es gibt verschiedene Pflanzen aus der Gattung der Zichorien, die heute zu den beliebtesten Blattsalaten zählen. Der Chicorée *(Cichorium intybus var. foliosum)* hat einen unverwechselbaren Charakter: knackig und leicht bitter. Die Endivie *(Cichorium endivia)* und ihre Varietät, der Friséesalat, sind ein Hochgenuss, wenn sie mit einem Dressing aus Haselnuss-, Walnuss- oder Sesamöl auf den Teller kommen!

Verwendung

Die Blätter werden vorzugsweise roh gegessen, können jedoch auch als Gratin gegart werden. Die festeren Wintersalate schneide ich mit der Schere in Streifen. Eine andere Möglichkeit, um zartere und weniger bittere Blätter zu bekommen, ist, sie in der Dunkelheit bleichen zulassen, solange sie noch in der Erde sind.

Anbau

Die Aussaat ist ein heikles Stadium: Zichorien neigen zum Schossen, wenn sie zu früh gesät werden, und keimen schlecht, wenn der Boden noch nicht erwärmt ist. Benötigt werden mindestens 10 °C. Säen Sie in zeitlichen Abständen, um die Chancen des Austreibens zu Frühjahrsbeginn zu optimieren.

» **'Zuckerhut'** ist der Star des Winters. Seine dicken, länglichen Köpfe sind fest und halten sich bis in den März hinein. Ein wenig Frost bekommt ihm gut, denn dadurch verliert er etwas von seiner Bitterkeit.

» **'Radicchio di Verona'** ist ergiebig. Schneidet man die Blätter über dem Wurzelhals (5 cm der Blätter stehen lassen) und lässt die Wurzel im Boden, zeigen sich im Frühjahr kleine Knospen, eine leckere Knabberei.

» **Friséesalate:** 'Grosse Pancalière' bietet einen voluminösen Kopf von Oktober bis Dezember/Januar, mit schmalen, krausen Blättern. 'Fine de Louviers' ist eine geschätzte Frühsorte, man kann sie Anfang Mai aussäen. Sie verträgt Hitze, ohne zu schossen.

» **Endiviensalate:** 'Géante maraîchère', 'Cornet d'Anjou' und 'Grosse Bouclée' werden ab Januar ins Frühbeet mit Abdeckung gesät und ab März im Freiland ausgepflanzt. Bis zum Verpflanzen muss zwei Monate gewartet werden, weitere zwei Monate bis zur Ernte, die sich dann aber über den ganzen Winter erstreckt.

Chicorée und Endivie

Beide entstammen einer Zichorienart (mit zwei unterschiedlichen Unterarten: *Cichorium intybus* und *Cichorium endivia*). Der Anbau startet klassisch im Freiland. Man erntet die Wurzel zu Beginn des Herbstes und stellt sie aufrecht und komplett von Sand bedeckt in einen Kasten an einen kühlen und luftigen, dunklen Ort. Diese Methode der Treiberei außerhalb des Bodens ruft die Entwicklung einer neuen, perlmuttweißen Knospe (Chicorée) oder von gelbem, zartem und zerzaustem Blattwerk (Endivie) hervor.

Pflege

Geben Sie den Pflanzen beim Umpflanzen genügend Platz (30 cm Abstand). Damit die Blätter zarter und weniger bitter sind, werden sie einige Tage mit einem umgekehrten Topf abgedeckt, um das Herz vor Licht zu schützen. Täglich kontrollieren, da das Risiko der Fäulnis bei feuchter Witterung und wenn die Pflanzen zu eng stehen, groß ist. Entfernen Sie jede kranke Pflanze, bevor sie die Nachbarn anstecken kann. Ich lasse jedes Jahr eine Pflanze wegen ihrer schönen, blauen Blüten blühen. Der hohe Blütenstängel braucht eine Stütze. Anschließend lasse ich die Samen sich verteilen, hier und dort entwickeln sich einige Pflanzen unterschiedlicher Qualität, aber ich sammle die jungen Blätter für Salate, und die Hühner sind ganz wild auf weiter entwickelte Pflanzen.

WILDE RAUKE

Diplotaxis tenuifolia

Syn.: Schmalblättriger Doppelsame
Brassicaceae (Kreuzblütler) * Ausdauernd

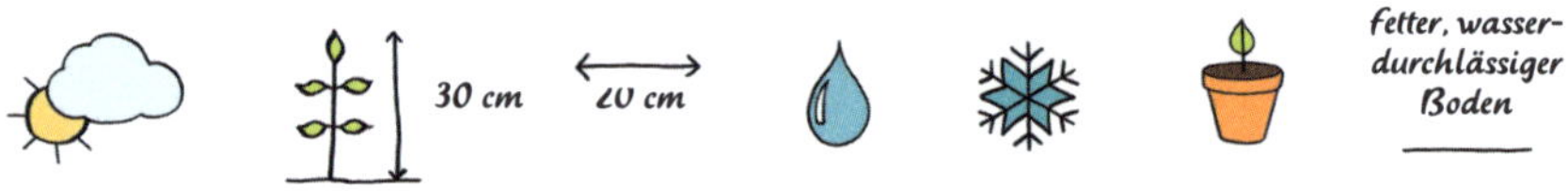

J	F	M	A	M	J	J	A	S	O	N	D

Sie kommen den ganzen Winter über in ihren Genuss, wenn ihre Verwandte, die Garten-Senfrauke, bereits verschwunden ist. Die Wilde Rauke hat einen kräftigeren Geschmack, wenige Blätter reichen, um Salaten Würze zu geben.

Verwendung

Die nach Bedarf geschnittenen Blätter werden frisch oder gegart verzehrt, in einem Gemüsekuchen, einer Tarte oder auch in einem pikanten Flan.

Anbau

An der Oberfläche säen und mit einer dünnen Schicht Erde abdecken. Den Boden gut feucht halten.

Die Garten-Senfrauke *(Eruca sativa)*

Sie hat größere und weniger eingeschnittene Blätter als die Wilde Rauke und einen milderen Geschmack. Sie eignet sich gut als Zwischenkultur, beispielsweise zwischen Kohlreihen, denn sie profitiert von etwas Schatten. Durch die sommerliche Hitze blühen nämlich rasch ihre cremefarbenen Blüten mit dünnen, purpurroten Streifen auf, wodurch die Blätter zäher und weniger schmackhaft werden.

Pflege

Schneiden sie ohne Hemmungen die gelben Blüten ab (es sei denn, Sie wollen Samen erhalten), denn die Blätter werden durch die Blüte etwas zäher und sehr stark parfümiert. Schneiden Sie im Frühjahr zwei Drittel zurück, um die Bildung neuer, zarterer Triebe anzuregen. Mehr ist bei dieser unproblematischen Pflanze nicht zu tun.

Senfpflanzen

» Japanischen Senfkohl *(Brassica rapa japonica* oder *Brassica rapa nipposinica)* findet man auch unter dem Namen Mizuna, und es handelt sich dabei um einen Verwandten der Speiserübe ... (siehe S. 54). Er steuert Salatmischungen im Herbst und Winter einen leicht scharfen Geschmack bei, denn er ist sehr robust (-10 °C). Die Sorte 'Mizuna Purple' sorgt mit ihren violetten Blättern für einen dekorativen Effekt.

» Der Chinesische Senf, auch Brauner Senf *(Brassica juncea)*, überrascht durch seine Schärfe! Man erntet die gesamte Pflanze – eine Rosette – oder seine gezahnten Blätter, die nach dem Abschneiden rasch wieder nachwachsen. 'Red Giant' hat rot geäderte Blätter mit kräftigem Geschmack. Er kann als Gemüse oder Würzmittel, roh oder gebraten verzehrt werden. So abschneiden, dass 5 cm über dem Boden stehen bleiben, dann gießen. Die Pflanze wächst rasch wieder nach. 'Rouge Métis' ist eine Sorte mit stark eingeschnittenen Blättern, dunkelrot, sehr dekorativ und von milderem Geschmack. Sie kann ganzjährig – außer bei eisiger Kälte oder starker Hitze – gesät und sechs Wochen später geerntet werden.

GARTENSALAT

Lactuca sativa

Asteraceae (Korbblütler) * Einjährig

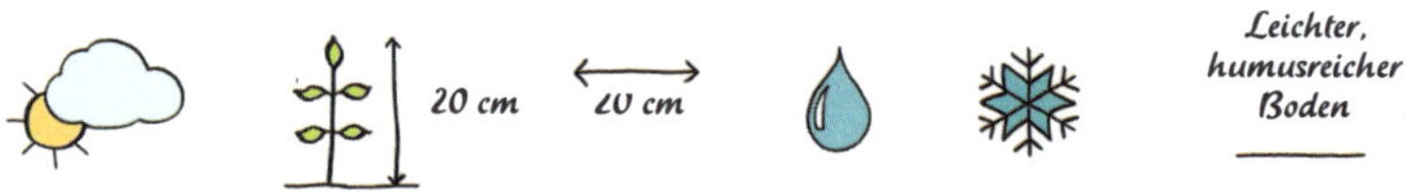

J	F	M	A	M	J	J	A	S	O	N	D

Der Salat schlechthin! Und doch gibt es so zahlreiche Sorten, dass es möglich ist, ganzjährig zu ernten. Das funktioniert sowohl im Frühbeet mit Abdeckung als auch im Freiland. Nehmen Sie sich die Zeit, die Angaben auf den Samentütchen zu lesen, denn die Saatzeit ist für den Erfolg entscheidend.

Verwendung

Man genießt die rohen Blätter natürlich als Salat! Aber sie schmecken auch gegart gut, beispielsweise mit Erbsen.

Anbau

Bei Sorten, die es im Handel nicht als Pflanzen zu kaufen gibt, bevorzuge ich die Aussaat im Freiland (gelegentlich im Frühbeet mit Abdeckung). Nach dem Vereinzeln pflanze ich die überschüssigen Pflanzen an anderen Stellen aus, nicht unbedingt in einer Reihe, sondern als Lückenfüller zwischen anderen Gemüsen. Die Samen von Gartensalaten sind wärmeempfindlich und verlieren ihre Keimfähigkeit bei einer Temperatur über 25 °C, während sie bei kühlen Temperaturen keimen können, auch wenn es dann länger dauert. Bei den klassischen Sorten kann durch den Kauf fertiger Pflanzen die Fruchtfolge besser organisiert werden, indem das Einpflanzen aus Containern mit jeweils 12 Pflanzen zeitlich verteilt wird.

» Die **Kopfsalate** (var. *capitata*) kann man das ganze Jahr über essen, auch wenn sie Hitze schlecht vertragen, die sie schossen lässt. Wintersorten werden von August bis Oktober gesät, einen Monat später ungefähr werden sie mit jeweils 25 cm Abstand ausgepflanzt und von Januar bis April geerntet: 'Winterwunder', 'Winterrot', 'Laitue grand-mère à feuilles rouges', diese fürchtet zu viel Wasser, aber nicht die Kälte, die sie erröten lässt! Die Frühjahrskopfsalate ('Goldtropfen' oder 'Maikönig') werden im Februar-März gesät und von Mai bis September geerntet. Der Butterkopfsalat 'Laitue Lilloise' ist recht kälteresistent. Ich beginne mit einer geschützten Aussaat ab November, wenn der Boden eine Temperatur von 10–12 °C hat. Die Sorte 'Appia', die ich als fertige Pflanzen kaufe, zählt zu den Sommer- und Herbstkopfsalaten, kann aber auch ohne Probleme mit den Frühjahrskopfsalaten mithalten. Die wunderbare Sorte 'Laitue rosse blonde paresseuse' wird von April bis August gesät und erfreut uns von Juli bis November. 'Sucrine', eine südfranzösische Spezialität mit fleischigen Blättern, ist ideal für den Sommer, denn sie verträgt Hitze. Ich säe sie ab März aus.

» Die **Batavia-Salate** sind Kopfsalate mit knackigeren Blättern und haben häufig einen roten Rand: 'Laitue Batavia blonde à bords rouges', 'Laitue Batavia Chou de Naples', 'Reine des glaces'. Sie werden ab Februar und regelmäßig bis September ausgesät und bis in den November hinein geerntet.

» Die **Romana-Salate** (var. *longifolia*) sind Kopfsalate mit einem lang gezogenen Kopf: 'Blonde Maraîchère' ist kaum anfällig für das Schossen, wird von Februar bis September ausgesät und von April bis Dezember geerntet.

» Die **Schnitt- oder Pflücksalate** (var. *crispa*) wachsen nach, wenn man die Blätter vor dem Wurzelhals abschneidet, was mehrere Ernten im Jahr ermöglicht, bei milder Witterung gelegentlich bis in den Winter hinein. Es muss bis zum Ende der Fröste gewartet werden, dann erfolgt alle drei Wochen die Aussaat ins Freiland. Mischen Sie ruhig verschiedene Sorten, um eine bunte Mischung zu erzielen, zum Beispiel 'Á couper feuille de chêne blonde', 'Red Salad Bowl'.

Pflege

Oh ja, die Schnecken sind wild auf die jungen Blätter! Sie können sich damit begnügen, Fallen aufzustellen, die Sie frühmorgens wieder aufheben, oder Sie streuen Schneckenkorn mit Eisen-III-Phosphat. Sobald die Pflanze Kraft bekommen hat, ist der Kampf gewonnen! Regelmäßiges Gießen vermindert im Sommer die Gefahr des Schossens.

BREITBLÄTTRIGE KRESSE

Lepidium sativum

Syn.: Gartenkresse
Brassicaceae (Kreuzblütler) * Einjährig

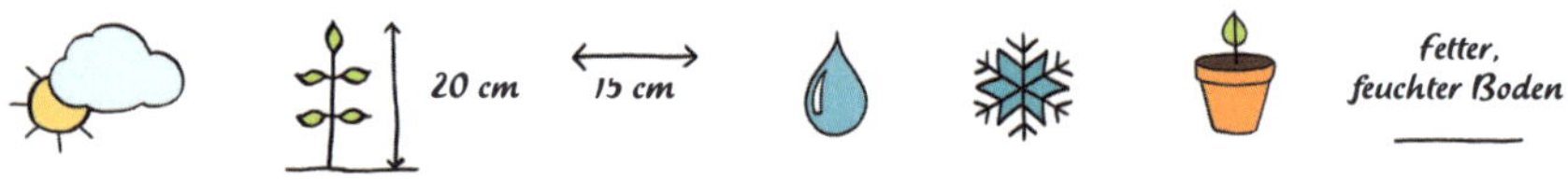

J	F	M	A	M	J	J	A	S	O	N	D

Eher eine Gewürzpflanze als ein Gemüse. Geschätzt wird die Breitblättrige Kresse für ihr rasches Keimen und ihren einfachen Anbau im Halbschatten, bei mildem Klima sogar im Schatten.

Verwendung

Die jungen Triebe werden roh gegessen (Salatmischung). Auch die Sprossen können verzehrt werden.

Anbau

In Abständen von 3 Wochen aussäen, um ganzjährig ernten zu können. Im Winter lässt sich die Kresse sehr schnell im Haus in Keimschalen aus Ton kultivieren.

Pflege

Der Anbau bereitet keine Sorgen, solange die Erde feucht gehalten wird. Im Freiland vereinzeln auf eine Pflanze alle 15 cm.

Behaartes Schaumkraut

Man findet diese Pflanze auch unter der Bezeichnung Gartenschaumkraut *(Cardamine hirsuta)*. Diese kleine einjährige Wildpflanze ist im Gemüsegarten häufig unerwünscht, da sie sich rasch aussamt. Beim Ernten gegen Ende des Winters sollten Sie jedoch die Möglichkeit nutzen, die jungen Rosetten und später die weißen Blüten zu ernten, die rasch im Salat gegessen werden sollten.

ECHTE BRUNNENKRESSE

Nasturium officinale

Syn.: Wasserkresse
Brassicaceae (Kreuzblütler) * Ausdauernd

50 cm · 20 cm · Fetter, sehr feuchter Boden

J	F	M	A	M	J	J	A	S	O	N	D

Dies ist die Echte Kresse, eine semi-aquatische Pflanze, die bei ihrer Ansiedlung einige Sorgfalt verlangt. Hat sie erst einmal ihren Platz gefunden, bereitet diese ausdauernde Pflanze keinerlei Sorgen.

Verwendung

Ihre jungen Triebe (10 cm) mit scharfem Geschmack werden roh im Salat oder gekocht verzehrt, zum Beispiel in einer Suppe. Sofort nach der Ernte genießen, denn sie hält sich nicht gut. Es gibt Sorten wie 'Cresson de Fontaine amélioré à larges feuilles' mit einem milderen Geschmack sowie 'Cresson de Fontaine gros vert', die großblättrige, und 'petit vert', die kleinblättrige, die der Wildform am nächsten kommt.

Anbau

Säen Sie vorzugsweise von Mai bis August direkt ins Freiland, Sie können aber auch ab März ins Frühbeet mit Abdeckung säen und dann ins Beet auspflanzen. Vorzubereiten ist ein kleines, 20 cm tiefes Becken, das mit einer Folie ausgekleidet wird, welche Wasser in der Erde zurückhält, ohne jedoch völlig wasserundurchlässig zu sein. Auf dieses Schlammbett wird gesät.

Pflege

Eine Pflanze alle 15 cm stehen lassen. Nach und nach die Wasserhöhe steigern. Das Wasser im Sommer einmal pro Woche erneuern. Verwenden Sie ein Pflanzensegel als Kälte- und Hitzeschutz. Zum Ernten ca. 10 cm lange Triebe vorsichtig abschneiden.

Wild?

Brunnenkresse findet man in Frankreich auch wild, es wird jedoch davon abgeraten, diese zu ernten, denn sie ist eine blutreinigende Pflanze, die Nitrate und Schwermetalle speichert und zudem mit Leberegeln befallen sein kann.

PORTULAK

Portulaca oleracea

Portulacaceae (Portulakgewächse) * Einjährig

J	F	M	A	M	J	J	A	S	O	N	D

Der Portulak ist eine kleine, sehr ursprüngliche Pflanze, deren Blätter zugleich säuerlich und würzig schmecken und eine knackige und fleischige Konsistenz haben. Er hat seinen Platz im Gemüsegarten und macht sich gut in gemischten Salaten.

Verwendung

Die fetten und recht dicken Blätter und die zarten Stängel werden frisch oder gekocht in Suppen verzehrt. In Regionen mit mildem Klima wächst der Portulak auch wild. 'Grüner' ist eine Sorte mit kleinen, fleischigen und knackigen Blättern. 'Großblättriger Goldgelber' ist milder im Geschmack.

Anbau

Er mag gemäßigtes bis warmes Klima. Direkt ins Freiland säen, die Samen nur leicht mit Erde abdecken und den Boden feucht halten.

Pflege

Keine, außer auf einen sauberen und feuchten Boden zu achten.

Kuba-Spinat oder Gewöhnliches Tellerkraut

Diese einjährige Pflanze, die auch Winterportulak genannt wird *(Claytonia perfoliata)*, gehört zu derselben Familie wie der Portulak mit ihren fleischigen und schmackhaften Blättern in Form einer runden Schüssel. Ihre Originalität hängt mit ihrer Blüte zusammen. Die Stängel mit kleinen, weißen Blüten erheben sich nämlich aus der Mitte der Blätter, daher auch die Bezeichnung Tellerkraut. Die Pflanze ist wenig platzraubend (20 cm in alle Richtungen) und kann zwischen andere Gemüse gepflanzt werden. Sie fühlt sich in einem frischen Boden im Halbschatten wohl. Den ganzen Herbst über können Sie bei regelmäßigem Gießen ernten, im Winter ebenfalls, wenn Sie die Pflanze vor den ersten Frösten mit einem Kälteschutzsegel versehen. Lassen Sie einige Samen sich aussamen, um im Frühjahr wieder in den Genuss der Pflanze zu kommen.

Provenzalischer „Mesclun“, die perfekte Salatmischung!

Diese Salatmischung – *„mesclun“* bedeutet in der provenzalischen Sprache „Mischung“ – besteht aus jungen Blättern von mindestens fünf Salatsorten: Gartensalat, Feldsalat, Rauke, Chicorée, Spinat, Portulak, Kerbel und andere, die je nach Jahreszeit variiert werden. Man kann sich gewisse Freiheiten nehmen und Rübe, Kresse, Senfpflanze, Sauerampfer und Blüten, etwa von Kapuzinerkresse, Estragon oder Schnittlauch, hinzufügen. Spielen Sie mit Geschmacksrichtungen und Farben!

Verwendung

Je nach dem Wachstum der Triebe werden junge Blätter geschnitten, die wichtigste Qualität ist ihre Frische.

Anbau

Zwischen Februar und September wird direkt ins Freiland eine Fertigmischung verschiedener Salatsorten gesät. Falls Sie Ihre Mischung selbst zusammenstellen, achten Sie darauf, die Anbauanforderungen jeder Pflanze zu berücksichtigen. Sie können auch gesonderte Beetreihen mit verschiedenen Salaten vorbereiten und deren Blätter je nach Bedarf abschneiden. Um den Ertrag zeitlich zu strecken, wird vorzugsweise einmal pro Monat eine mäßige Menge gesät, nicht alles auf einmal.

Pflege

Regelmäßiges Gießen sorgt für ein homogenes Austreiben, auch wenn sich nicht alle Keimlinge im selben Tempo entwickeln. Hauptfeind sind die Schnecken, die auf junge, knackige Triebe ebenso begierig sind wie Sie selbst!

GEWÖHNLICHER FELDSALAT

Valerianella locusta

Caprifoliacea (Geißblattgewächse) × Zweijährig

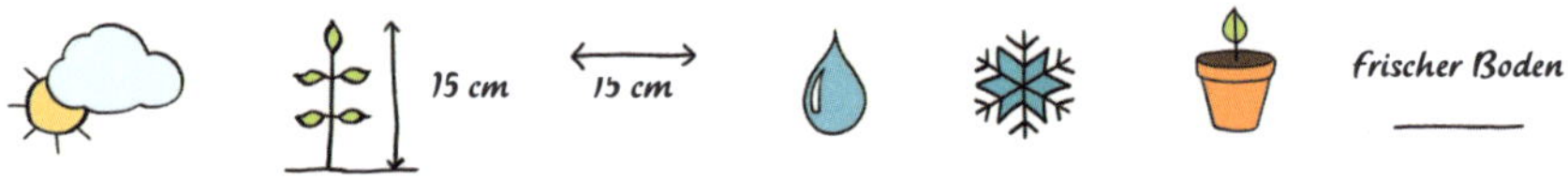

J	F	M	A	M	J	J	A	S	O	N	D

Dieser Wintersalat schlechthin, dessen Blätter geschmacklich an Haselnüsse erinnern, begnügt sich nicht mit einer Saison, sondern findet ganzjährig seinen Platz im Gemüsegarten. Je nach Region verbirgt er sich hinter Namen wie Ackersalat, Nüsschen oder Rapunzel. Man lässt ihn einfach in Ruhe, mehr verlangt er nicht!

Verwendung

Man erntet je nach Bedarf nach und nach die Blattrosetten, um sie als Salat oder gegart zu essen. Feldsalat mit Roten Beten ist ein Genuss!

Anbau

Gesät wird auf einen kaum bearbeiteten, lediglich aufgekratzten Boden in flache Rillen. Zwischen den Samen Abstand lassen, die Erde andrücken und bis zum Austreiben den Boden frisch halten – das ist wichtig. Falls kein Regen angesagt ist, lege ich für 4–5 Tage eine feuchte Zeitung auf die Sämlinge, um die Feuchtigkeit konstant zu halten. Mit einer Ansaat pro Monat verteilen Sie die Ernten über das ganze Jahr. Im Handel bekommt man auch fertige Jungpflanzen mit Mini-Wurzelballen, was die Bereitstellung erleichtert, vorausgesetzt, im Bereich der Wurzeln wird eine konstante, aber nicht übermäßige Feuchtigkeit beibehalten.

Die Sorten unterscheiden sich in Farbe und Form der Blätter ebenso wie in ihrer Winterhärte: Die Blätter des Winter-Feldsalats sind kleiner und von intensiverem Grün als die der sogenannten „Herbstsorten“. Ende Oktober ist noch eine Aussaat möglich, die Ernte erfolgt dann im März des folgenden Jahres.

- **'Coquille de Louviers'** hat löffelförmige Blätter und ist winterhart.
- **'Mâche verte d'Étampes'** ist winterhart, seine kompakten Blätter bilden enge Rosetten, genau wie die Sorte 'Agathe'.
- **'Verte de Cambrai'** ist winterhart. Seine Rosetten erstrecken sich über nicht mehr als 5 cm, was eine Kultivierung im Topf erleichtert.
- **'Merveille des 4 saisons'** ermöglicht es, den Salat ganzjährig ohne Unterbrechung zu genießen. Die Aussaat wird aufgeteilt auf Freiland und Frühbeet mit Abdeckung.

Pflege

Vereinzeln, sodass alle 10 cm eine Jungpflanze stehen bleibt. In kühlen Regionen ist es wirksam, ein Schutzsegel gegen starken Frost anzubringen. In südlichen Regionen ist ein solches Segel zum Beschatten nützlich. Aus denselben Gründen ist es im Winter wie im Sommer sinnvoll, zu mulchen.

Wenn Sie Samen ernten möchten, bewahren Sie diese an einem kühlen Ort auf, denn sie sind wärmeempfindlich und verlieren ihre Keimfähigkeit bei Temperaturen über 25 °C. Ich lasse einige Pflanzen im Beet blühen, die Natur übernimmt dann den Rest.

In guter Gesellschaft

Die Blattrosetten sind wenig platzraubend. Durch das Vereinzeln in größere Abstände können Sie zwischen den angesäten Reihen andere, höhere Pflanzen ansiedeln: Lauch, Kohl und Gewürzkräuter. Der Feldsalat wird im Sommer von dem leichten Schatten profitieren. Werfen Sie bei der Ernte einen Blick auf die Wildlinge, die die Kultur begleiten, insbesondere auf die Gewöhnliche Vogelmiere *(Stellaria media)*: Sie erreicht absolut den Rang eines Salates mit ihren knackigen und schmackhaften jungen Trieben. Unter einer einzigen Bedingung: Sie müssen sie sicher identifizieren können, denn viele Wildkräuter sind alles andere als genießbar. Geben Sie noch einige Blätter vom Gundermann *(Glechoma hederacea)* und vom Ruprechtskraut *(Geranium robertianum)* dazu, und Ihr Feldsalat wird ein Festmahl.

BEWÄHRTE VERFAHREN,
einfach und wirksam

DER BODEN LEBT, verwöhnen wir ihn!

Beginnen wir mit der Vorbereitung des Terrains. Bodenbearbeitung ist ein Begriff, der immer weniger verwendet wird, wohl weil er auf eine mühsame Arbeit verweist, aber auch, weil es nicht sinnvoll ist, tief in einen Boden einzugreifen, in dem es von wertvollen Organismen nur so wimmelt, die es nicht schätzen, gestört zu werden. Ja, der Boden lebt, und das ist für unser Gemüse ein Glück! Das Sauberhalten des Bodens ist eine andere Herausforderung, mit der wir uns in den Kapiteln zum Unkrautjäten und Mulchen befassen werden.

EHER AUFLOCKERN ALS UMSTECHEN

In der Mehrheit der Fälle ist es vorzuziehen, den Boden nicht tief umzugraben, denn dadurch kommt eine weniger fruchtbare Erdschicht an die Oberfläche, und Organismen, die daran angepasst sind, ohne Licht und gelegentlich auch ohne Sauerstoff zu leben, werden der Freiluft ausgesetzt. Umgekehrt werden Würmer, Bakterien und Pilze eingegraben, die daran gewöhnt sind, in der fruchtbaren Bodenschicht, im Allgemeinen den oberen zwanzig

Umgraben oder nicht?

Es ist unnötig, sich in diese anstrengende Arbeit zu stürzen, die das Unterste nach oben kehrt. Umgraben ist nur bei sehr schwerer und kompakter Erde sinnvoll, wo es sich positiv auswirken kann, Schollen zu brechen – vorzugsweise im Herbst –, um von der Wirkung des Frostes zu profitieren, der die von Wasser getränkten Erdklumpen zerspringen lässt. Ebenso kann der Einsatz einer Gartenfräse im ersten Jahr erwogen werden, wobei dieses Gerät den Nachteil hat, die Erde zusammenzudrücken und zur Bildung eines kompakten Streifens unten in der Furche zu führen.

Zentimetern, zusammenzuleben. Sie sind es, die organische Substanzen zersetzen und mineralische Elemente lockern. Es ist daher gut, eine Praxis der Kultivierung zu erwägen, die ihre Aktivität anregt, indem ihnen Nahrung in Form organischer Substanzen angeboten wird, und kein Dünger, der rasch verrinnt, wenn er nicht schnell in den Stoffwechsel der Pflanze aufgenommen wird.

Dem Lockern entkommen Sie jedoch nicht. Dieses zielt darauf ab, die oberflächliche Bodenkruste aufzubrechen. Der Ausspruch „Einmal durchhacken ist so viel wert wie zweimal gießen" ist in diesem Stadium noch passend, denn wenn Sie den Boden oberflächlich fein aufkratzen, ermöglichen Sie es dem Wasser, sanft hineinzurieseln und direkt zu den Wurzeln zu gelangen.

Zu einem späteren Stadium können Sie auf dieses Aufkratzen verzichten, denn der so vorbereitete Boden kann mit Mulch abgedeckt werden. Nur zum Zeitpunkt des Ansäens müssen Sie eine leichte, fein zerkrümelte Erde vorbereiten. Nein, Sie werden nicht faul werden, Sie werden ganz einfach Zeit gewinnen, um sich noch besser um Ihre Gemüse zu kümmern!

DAS DÜNGEN

Eine wichtige Sache im Gemüsegarten: Damit soll der Nährstoffbedarf der meisten Gemüse gedeckt werden, die im Boden alle Elemente finden müssen, die für ihr Wachstum in einem kurzen Entwicklungszyklus von selten mehr als ein paar Monaten unverzichtbar sind. Es muss aber auch alles ausgeglichen werden, was den Boden durch die Ernten verlässt.

Die Tradition, dem Boden im Herbst Mist zuzuführen, betrifft eher größere Parzellen, die im Winter unbebaut bleiben, was in unserem Fall nicht die Absicht ist, denn wir planen ja, einen großen Anteil perennierender Pflanzen aufzunehmen. Die organische Substanz wird eher aus dem Komposthaufen stammen, wodurch die Beschaffung auch einfacher ist.

DER KOMPOST

Ein gelungener Komposthaufen ist eine Kunst. Auch wenn der Kompost beliebt ist, um Grün- und Küchenabfälle zu verwerten, kann er einigen Pflanzen wegen der großen Menge leicht verfügbarer organischer Substanzen durchaus schaden. Lauch, Zwiebel, Knoblauch beispielsweise verabscheuen ihn, genau wie die meisten jungen Keimlinge mit empfindlichen Wurzeln. Wollen Sie hingegen am Wettbewerb um den größten Kürbis teilnehmen, ist der Kompost der Schlüssel zum Erfolg! Die Methode eignet sich nicht für die Improvisation: Ein guter Kompost vereint zu gleichen Teilen stickstoffhaltige Abfälle (Rasenschnitt, Obst- und Gemüseschalen, zerkleinerte größere Reste) und kohlenstoffhaltige Abfälle (trockenes Laub,

Was ist eine ökologische Grabegabel?
Sie ersetzt wohl nach und nach den traditionellen Spaten. Man findet diese von André Grelin erfundene und patentierte Grabegabel als „Biogabel" oder „Biospaten" im Handel. Die „Grelinette" ist eine Grabeforke mit zwei parallelen Stielen und langen Stahlzinken – je nach Modell sind das 2 bis 7 –, wodurch bei der Bodenbearbeitung bereits bei wenig Anstrengung eine Hebelwirkung erzielt werden. Vor allem jedoch wird der Boden bis in eine Tiefe von maximal 20 cm gelockert, ohne dass seine Ordnung gestört wird oder man zu tief eindringt.

gehäckselte abgestorbene Äste, Papier). Meiden Sie glänzende und harte Blätter, die sich sehr langsam zersetzen, dicke Äste, die besser gehäckselt werden, und Abfälle tierischen Ursprungs, die Ratten und andere Fleischfresser anlocken. Kranke Blätter und verdorbenes Obst dürfen in den Kompost, denn durch die Kerntemperatur werden die Keime zerstört.

Wie wird der Kompost gepflegt?

Er muss ständig, jedoch ohne Übertreibung, feucht gehalten werden. Vermeiden Sie es, ihn unter großen Bäumen oder in der prallen Sonne anzulegen. Die richtige Dosierung ist Ihre Aufgabe, so wird er bei starken Regenfällen mit einer Plane abgedeckt und bei längerer Trockenheit eventuell gegossen. Wenden Sie ihn, wenn er zum Verdichten neigt, regelmäßig mit einer Grabeforke. Achtung, Ende des Herbstes und bis ins Frühjahr hinein überwintert möglicherweise ein Igel im Kompost! Unten im Komposthaufen befindet sich das schwarze, gut zersetzte Material, das Sie verwenden werden. Häufig wird geraten, es zu sieben, was ich persönlich nicht mache. Ich arbeite den Kompost direkt in die oberflächliche Bodenschicht oder unten in Pflanzlöcher ein.

WOHLTUENDE ABDECKUNGEN

Eigentlich ist es eine Selbstverständlichkeit: Die Natur verabscheut Leere. Auf einem Bo-

den, der nach der Ernte nackt belassen wird, wird sich ein unerwünschter Bewuchs ansiedeln (Unkräuter). Bei starkem Regen verfestigt sich der Boden zudem oder wird bei einer Hanglage sogar durchfurcht. Daher ist eine schützende Abdeckung wichtig.

Mulch als Schutzschicht

Beim Mulchen werden neben Stroh auch klein gehäckseltes Material, trockenes Laub oder auch rein mineralische Stoffe verteilt, was im Gemüsegarten allerdings seltener vorkommt. Besser nutzt man nämlich die langsame Zersetzung organischer Substanzen, um den Boden anzureichern. Im Winter hat Mulch vor allem die Aufgabe, vor Kälte zu schützen und die Verdichtung oder Erosion des Bodens durch starke Regenfälle zu vermeiden. Im Sommer hält er die Verdunstung in Grenzen und hält den Boden frisch, indem das Keimen anderer, unerwünschter Pflanzen verhindert wird.

Wie ist dabei vorzugehen? Mulchen Sie nur einen sauberen, bereits gut feuchten Boden. Seien Sie großzügig und tragen Sie eine ordentliche Schicht – mindestens 5 cm hoch – auf, insbesondere in windigen Regionen, und gießen Sie, falls nötig. Ergänzen Sie den Mulch auch unbesorgt während der Kultivierung, denn er hat zusätzlich die Eigenschaft, Insekten abzuhalten, die gerne auf Höhe des

Phacelia

Incarnat-Klee

Wurzelhalses der Pflanzen ihre Eier ablegen. Ein Wermutstropfen: Vögel lieben es, im Mulch zu scharren auf der Suche nach dem kleinsten Würmchen oder nach Schnecken, die darin gerne Unterschlupf suchen.

Gründünger, ein nützlicher Zyklus

Unter dieser Bezeichnung werden Pflanzen mit kurzem Lebenszyklus zusammengefasst, die sich, wenn sie geschnitten und untergegraben werden, zersetzen und dem Boden dabei Nährstoffe zuführen, wertvolle organische Substanzen, weswegen sie als Gründünger bezeichnet werden. Diese lebende pflanzliche Abdeckung verbessert die Bodenstruktur dank der Entwicklung von Wurzeln. Zudem werden alle Nützlinge, die im Verborgenen in der Erde wirken, angelockt.

- Wann wird gesät? Vom Herbst bis zum beginnenden Frühjahr säen Sie diese Verbündeten in Breitsaat auf einen zuvor aufgekratzten Boden.
- Welche Pflanzen werden gesät? Gewählt werden Sorten, die sich in dieser Jahreszeit großzügig entwickeln können, wobei zu berücksichtigen ist, welches Gemüse zuvor dort angebaut wurde und welches folgen wird, um diese Phase in die Fruchtfolge einzubeziehen. Die meisten gehören zur Familie der Fabaceae (Klee, Wicke, Luzerne und andere), die den Stickstoff aus der Luft in den Wurzeln binden können, um Nitrate freizusetzen, die von den Pflanzen direkt aufgenommen werden können. Auch Verwandte des Kohls werden gesät: Brassicacea, wie Kohl, Senf, Raps. Wichtig ist, die Pflanzen nicht schossen und Samen

bilden zu lassen, sonst werden Sie von neuen Keimlingen überrollt. Direkt nach der Blüte werden die Pflanzen daher geschnitten, grob zerkleinert und bis zu einer Tiefe von 8–10 cm untergegraben.

Phacelia

Sie ist mein Liebling mit ihren blauen Blüten, die Pollen und Nektar sammelnde Insekten anlocken. Die Pflanze entstammt einer anderen botanischen Familie als unsere klassischen Gemüse, daher kann sie unbesorgt in die Fruchtfolge integriert werden und ist interessant, um die Lebenszyklen ihrer Schädlinge zu stören. Ich säe sie im April und schneide sie direkt nach der Blüte.

Wurmkompostierung

Dabei handelt es sich um eine Kompostierungsmethode, die auf der Zucht von Kompostwürmern *(Eisenia)* beruht. Sie produzieren zwei Sorten von Kompost: flüssigen Kompost und Wurmhumus. Diese Kompostform eignet sich eher für die Wiederverwertung von Haushaltsabfällen auf einem Balkon oder sogar in der Wohnung. Es werden vier Boxen übereinandergestellt, die nacheinander die zugefügten Abfälle, den sich zersetzenden Kompost, den festen Kompost und den flüssigen (Wurmtee) enthalten, der verdünnt als Flüssigdünger verwendet wird. Um den Prozess in Gang zu setzen, muss eine feuchte Streu mit Humuserde, Papier und zerrissenem Karton, zerkleinerten Eierschalen und einer Mischung geeigneter Regenwürmer *(Eisenia)* vorbereitet werden.

DIE PFLANZEN:
Wie wird am besten begonnen?

Säen oder pflanzen? Das hängt natürlich von den Arten ab, vor allem jedoch von Ihrer verfügbaren Zeit, der Größe Ihres Gemüsegartens und Ihrem Budget.

DIE AUSSAAT

Vorteil der Aussaat ist, dass Ihnen dabei genau definierte Sorten zur Verfügung stehen, die als fertige Setzlinge oft nicht erhältlich sind. Sie ermöglicht zudem den Anbau von Wurzelgemüsen, die ein Verpflanzen sehr schlecht vertragen. Sie können also damit beginnen, Karotten und Rettiche direkt im Beet zu säen. Nicht immer gelingt eine Aussaat oder Dosierung problemlos, aber es ist so zauberhaft, den vollständigen Lebenszyklus einer Pflanze zu beobachten!

Die richtigen Mengen

Es ist immer besser, klein anzufangen, wenn man eine Sorte noch nicht kennt, um zu sehen, wie sie auf den Boden und die Exposition reagiert. Interessant ist auch, die Aussaaten zeitlich zu strecken, um die Erntezeit zu verlängern. „Wer dicht sät, erntet wenig", besagt eine Bauernregel. Sie können feine Samen mit einem inaktiven Material wie Sand mischen, um eine homogene Verteilung sicherzustellen. Befolgen Sie die Angaben auf den Samentütchen, was die Saattiefe und die Abstände innerhalb und zwischen den Reihen betrifft. Erlauben Sie sich aber gewisse Freiheiten hinsichtlich des Kalenders: Bei optimalen Witterungsbedingungen kann auch eine vorzeitige oder spätere Aussaat gelingen. Die Samen mit einer dünnen Schicht Erde abdecken und fest andrücken. Stecken Sie zur Markierung der Beetreihen Stöcke in den Boden und schmücken Sie diese mit einem kleinen Stoffstück, das im Wind flattert, um Nascher davon abzubringen, sich gütlich zu tun, auch wenn das nur wenige Tage wirklich wirkt.

Reihensaat, Horstsaat, Breitsaat

Diese Begriffe definieren, wie die Samen in den Boden kommen. Ich muss gestehen, dass ich mich nicht genau an diese Angaben halte. Ich säe auch gerne einmal ganz verstohlen, um der Erde ein paar Samen anzuvertrauen, wenn irgendwo ein Plätzchen dafür frei ist. Mir ist vor allem wichtig, während der Keimungsphase eine konstante, aber nicht übertriebene Feuchtigkeit aufrechtzuerhalten: Ich gieße mit Gießaufsatz in einem feinen Regen, und, im Fall sehr kleiner Samen oder wenn starke Regenfälle angesagt sind, lege ich Zeitungspapier auf die Erde, damit die Samen nicht durcheinandergeraten. Wichtig ist auch, dass es den Keimlingen anschließend nicht an Wasser mangelt, damit sie ein gutes Wurzelsystem entwickeln können, das die Grundlage ihrer weiteren Entwicklung ist.

Unter einem Schutz?

Die Aussaat im Frühbeet mit Abdeckung, mit einer Abdeckung für Treiberei oder im warmen Frühbeet sind ebenso wie die Aussaat außerhalb der Saison technischere Methoden. Sie ermöglichen einen erfolgreichen Anbau von Gemüsen, auch wenn die Bedingungen nicht optimal sind, insbesondere hinsichtlich der Temperaturen. So kommen Sie in den Genuss von Frühgemüse, wie Erbsen, Ackerbohnen oder Karotten. Sie müssen jedoch wissen, dass bei vielen Arten und Sorten nicht die Temperatur den Erfolg ausbremst, sondern das Licht. Merken Sie sich daher, dass die meisten Aussaaten vor Mitte September erfolgen sollten, denn danach werden die Tage schnell kürzer.

SETZLINGE

Es beginnt natürlich immer mit einem Samenkorn. Aber gelegentlich ist es einfacher, fertige Setzlinge mit Wurzelballen zu kaufen, die nur noch ausgepflanzt werden müssen, vor allem, wenn man nicht viele Pflanzen eines Typs benötigt. Der Nachteil: Es stehen nicht alle Sorten zur Verfügung, und Pflanzen sind teurer als ein Päckchen Samen.

Die Umfallkrankheit

Bei dieser Krankheit fallen die Keimlinge plötzlich in sich zusammen. Ursache ist ein Pilz, der meist in den Aussaatschalen und unter einer Abdeckung in Erscheinung tritt und der verhindert werden kann, indem der Erde etwa 5 % Holzkohlenpulver (von der Holzkohle, die zum Grillen verwendet wird) zugesetzt wird.

Der Vorteil

Von den geläufigen, also einfach erhältlichen Gemüsen, kann rasch eine kleine homogene Menge ausgepflanzt werden. In der Regel sind die Setzlinge in Schalen mit 6 oder 12 Setzlingen erhältlich, sodass der Ertrag gestreckt werden kann, ohne dass man seiner nicht mehr Herr wird. Stellen Sie vor dem Auspflanzen die Wurzelballen ein paar Minuten in Wasser, damit alle Luftblasen entweichen und die Erde mit Wasser gesättigt ist. Anschließend die Setzlinge ziemlich tief in lockere Erde setzen, damit der Wurzelhals, also der Raum zwischen den Wurzeln und dem Stängel, sicher unter der Erde platziert ist. Großzügig gießen und die Erde um die Setzlinge mulchen.

Starthilfe

Wenn die Nächte noch frisch sind, können Sie für jedes Pflänzchen eine Art Mini-Gewächshaus aus durchsichtigen, also lichtdurchlässigen Plastikflaschen basteln. Wenn Sie kein Plastik verwenden, legen Sie einen Dachziegel oder ein Stück Schiefer neben die Pflanzen: Dieses speichert tagsüber die Wärme und gibt sie dann nach und nach ab. Dabei auch überprüfen, dass sich keine Schnecke unter diesem Unterschlupf befindet, denn die zarten, jungen Blätter sind häufig sehr begehrt.

DIE MASSNAHMEN:
Was wirklich wichtig ist!

Diese einfachen Aktionen machen den Unterschied, wenn es um die Größe der Ernte geht. Bemühen wir uns also, durch praktische Arbeit und hochwertiges Material möglichst gut zu werden.

DAS UNKRAUTJÄTEN

Diese Arbeit ist nur bei der Vorbereitung des Bodens wirklich unverzichtbar. „Auf sauberen Boden säen" ist ein häufig verwendeter Ausdruck, der die Abwesenheit von Steinen, vor allem jedoch von Unkraut meint, das im Hinblick auf Wasser, Nährstoffe und gelegentlich auch Licht in Konkurrenz zu Ihren Gemüsen tritt. Beginnen Sie damit, unerwünschte Pflanzen zu entfernen, die kräftig wachsen und tiefe Wurzeln haben, wie Distel, Winde oder Löwenzahn. Wenn Sie vor dem Beginn der Anpflanzungen noch Zeit haben, können Sie diese Pflanzen unterdrücken, indem Sie eine lichtundurchlässige Plane oder Kartons auf den Boden legen und ein paar Wochen dort belassen. Sonst heißt es zur Hacke greifen!

Freuen Sie sich nach diesem ersten Einsatz nicht zu früh: Es bleiben noch viele Samen im

Boden, die bei den ersten milderen Temperaturen und Feuchtigkeit keimen werden, sobald der Boden aufgekratzt wurde. Sie können die Technik des **falschen Saatbeets** übernehmen. Dabei lässt man freiwillig alle Samen keimen, geht sogar so weit, ihr Austreiben durch starkes Gießen zu fördern. Danach ist es recht einfach, die erst schwach verwurzelten Keimlinge mit einer Jät- oder Gartenhacke auszumerzen. Anschließend dürfte das Unkrautjäten mit für den jeweiligen Anbau geeigneten Techniken (Mulchen, oberflächliches Auflockern) keine großen Sorgen mehr bereiten. Einziger Wermutstropfen beim Vereinzeln der Keimlinge, insbesondere bei denen der Karotte: Es wird nötig sein, andere Keimlinge sehr gründlich zu eliminieren. Daher ist es sinnvoll, in ziemlich kurzen

Reihen und zeitlich versetzt zu säen. So wird auch das Unkrautjäten, das für den Rücken oft sehr anstrengend ist, zeitlich verteilt.

DAS GIESSEN

Wasser ist natürlich unverzichtbar. Während einige Arten mit Trockenstress gut klarkommen, verlangen andere – Blattsalate zum Beispiel – eine konstante Feuchtigkeit, um ihren Lebenszyklus fortzusetzen und nicht rasch zu blühen. Übermäßige Nässe sollte auch vermieden werden, denn sie würde die Pflanze faulen lassen. Ein Regenmesser, der die Regenmengen anzeigt, ist alles andere als eine Spielerei: Damit sehen Sie in Millimetern das von der Erde aufgenommene Wasservolumen (1 mm = 1 l Wasser/m²). Unterhalb von 4–5 mm ist es oft ratsam, den Pflanzen mehr Wasser zu geben.

Gießen Sie vorzugsweise morgens oder abends, wenn die Sonne weniger heiß ist. Mit der Gießkanne kann zielgenau am Fuß der Pflanze

Und im Winter?

Nach einer heftigen Kälteperiode kann es nötig sein, bestimmte Kulturen zu gießen, denn die Kälte in Kombination mit Wind wirkt austrocknend. Bei dieser Gelegenheit kann natürlich auch noch einmal an den doppelt günstigen Effekt des Mulchens erinnert werden: Schutz vor Kälte und Erhalt der Feuchtigkeit …

vorsichtig gegossen werden, um zu vermeiden, dass Erde auf die Blätter spritzt, was die Entwicklung von Krankheiten begünstigen würde. Angesätes wird mit einem feinen Regen gegossen, um die Samen nicht grob zu verteilen. Werden starke Regenfälle angekündigt, empfiehlt es sich, feuchtes Zeitungspapier auszulegen oder ein Schutzsegel anzubringen, um die Heftigkeit der Regenschauer zu dämpfen.

DAS AUSDÜNNEN ODER VEREINZELN

Darunter versteht man die Kunst, den schönsten Keimlingen ausreichend Platz zu verschaffen, indem die überzähligen entfernt werden, im Allgemeinen per Hand. Abgesehen davon, dass es eine Notwendigkeit ist, ist es bei Salaten auch ein Vergnügen, denn man kann die jungen, vorzeitig geernteten jungen Triebe auf den Tisch bringen – ein Genuss! Sie können in zwei Phasen vorgehen: Eliminieren Sie die überzähligen Keimlinge kurz nach der Aussaat, wenn diese beginnen, ihre ersten echten Blätter nach den Keimblättern zu bilden. Einige Wochen später ernten Sie dann die jungen Setzlinge oder jungen Wurzeln, um denen, die im Boden verbleiben, eine bessere Entwicklung zu ermöglichen.

DAS ANHÄUFELN

Dabei wird die Erde relativ weit über den Wurzelhals hinauf zu einem kleinen Hügel angehäuft. Diese Maßnahme erfolgt entweder bei jeder einzelnen Pflanze oder bei einer ganzen Beetreihe. Nicht zu verwechseln ist das Anhäufeln mit einem Hügelbeet, bei dem die Pflanzen erst nach der Vorbereitung eines solchen Reliefs gepflanzt werden. Das Anhäufeln hat andere Funktionen: Es ermöglicht eine bessere Verwurzelung und damit eine gute Widerstandsfähigkeit gegenüber Wind und Regen, es schützt vor Frost und hält die Eiablagen bestimmter parasitärer Insekten in Grenzen. Bei schweren Böden wird das Mulchen dem Anhäufeln gelegentlich vorgezogen, um zu verhindern, dass es im Bereich der Wurzeln zu Staunässe kommt. Bei bestimmten Kulturen erfolgt das Anhäufeln sehr frühzeitig, bereits kurz nach dem Austreiben (bei Bohnen, Ackerbohnen und Erbsen, wenn sie 5–8 cm hoch sind), und kann vom Mulchen gefolgt werden.

DAS ANBINDEN

Je früher im Lebenszyklus der Pflanze man dies macht, desto besser, denn das Risiko, junge Triebe zu verletzen, ist dann geringer. Die Pflanze lehnt sich ganz von selbst an die Stütze oder wird während ihres Wachstums geleitet. So ist es bei den Tomaten, die man um einen spiralförmigen Stab wickelt. Erbsen und Bohnen lässt man gewähren, dort reicht es, bei der Aussaat Stangen zu platzieren oder einen Holzrahmen anzufertigen, über den ein feines Gitter gespannt wird. Die Stangen gut einschlagen und dabei an das künftige Gewicht der Pflanzen denken. Im Winter bei Schnee und Eis werden die Stangen dazu dienen, hohe Pflanzen mit immergrünem Blattwerk zu stützen.

DAS BLEICHEN

Für manche Wintersorten ist das Bleichen wichtig. Es macht die Gemüse zarter und milder. Durch Lichtentzug bestimmter Teile (Herz, Blattstiele) verlieren diese ihre grüne Farbe (Chlorophyll) und ihre Bitterkeit. In der Regel sind dafür etwa zehn Tage ausreichend. Je nach Form der Pflanzen verwendet man einen lichtundurchlässigen, umgedrehten Topf, bindet die Blätter zu einem Bund oder wickelt sie in Packpapier. Bei feuchtem und mildem Wetter regelmäßig den Zustand der Pflanzen kontrollieren.

Gutes Werkzeug

Ich bin kein Fan des kompletten Arsenals. Einige wenige gute Werkzeuge werden lange ihren Dienst tun, wenn sie gut gepflegt werden. Spaten, Grabeforke oder Grelinette, Rechen, Gartenkralle (Garten- oder Jäthacke), Pflanzholz, Gartenschere, Richtschnur, Regenmesser, Etiketten oder eine andere Markierungsmöglichkeit – und Handcreme –, mehr brauche ich nicht.

DIE VERBÜNDETEN
des Gärtners

Hierunter fasst man alle Tiere und Pflanzen zusammen, die allein durch ihre Anwesenheit im Garten die Wirksamkeit der Anbaumethoden verstärken, die der Gärtner für eine harmonische Entwicklung der Pflanzen vorgesehen hat. Einige werden Parasiten und Schädlinge von Gemüse sogar fernhalten können. So etabliert sich in einer fröhlichen Mischung ein Gleichgewicht in der Nahrungskette und eine förderliche Aufteilung des Lebensraums. Dabei toleriert man die Anwesenheit von Schädlingen, hält sie aber unter der Schwelle der Massenvermehrung. Eine Unbekannte jedoch bleibt immer: Das Wetter, ein wertvoller Verbündeter, gelegentlich aber auch ein gefürchteter Feind, den man nach Möglichkeit immer im Blick haben muss, um seine Extreme vorauszusehen und vorzusorgen – etwa bei Orkanen, Gewittern oder Gluthitze.

VÖGEL

Sie sind am sichtbarsten, und gelegentlich kann man sie zu den Unerwünschten rechnen, wenn sie in einer frisch angesäten Parzelle scharren, sich junge Blättchen schmecken lassen oder sich einige saftige Beeren schnappen. Insgesamt liegt es jedoch in Ihrem Interesse, dass Vögel den Gemüsegarten besuchen, insbesondere im Winter, wenn sie nach Insektenlarven oder Blattläusen suchen, die sich in den kleinsten Spalten verstecken. Bieten Sie den Vögeln in Ihrem Garten ganzjährig Unterkunft und ausreichend Verpflegung inklusive Wasser, damit sie sich an Raupen und anderen Insekten gütlich tun.

INSEKTEN

Nicht alle sogenannten Schädlinge schaden unseren Kulturen, weit gefehlt! Unter ihnen befinden sich auch Räuber der berühmt-berüchtigten Schädlinge: Das bekannteste Beispiel sind die Marienkäferlarven, die Blattläuse verschlingen. Locken Sie sie in den sehr beliebten Insektenhotels an, deren Aufgabe es ist, nützliche Gäste im Gemüsegarten vor Ort zu beherbergen.

BEGLEITPFLANZEN

Man nennt sie auch Wirtspflanzen oder Köderpflanzen, je nach der ihnen zugewiesenen Aufgabe. Manche von ihnen übernehmen auch mehrere Aufgaben! Man weiß, dass sie im Bereich des Blattwerks mittels chemischer Botenstoffe untereinander kommunizieren oder indem sie ein Wurzelexsudat freisetzen. Häufig genannt wird in diesem Zusammenhang die Tagetes, die eine Substanz abgibt, die Nematoden abwehrt, winzig kleine Parasiten der Wurzeln. Ringelblumen *(Calendula)* haben einen zweifachen positiven Effekt: Sie halten Blattläuse fern und locken Schwebfliegen an, deren Larven Blattläuse fressen. Karotte und Lauch helfen sich gegenseitig, indem sie die parasitären Würmer des jeweils anderen abwehren. Die schönen, blauen Blüten der Wegwarte, eines Urahns des Chicorées, halten ebenso wie die Blüten der Cosmea die Erdflöhe fern – Käfer, die Kohlblätter mit einem Lochmuster versehen. Kapuzinerkresse wirkt als Köderpflanze. Sie lockt vor allem Blattläuse an, was diese von unserem Gemüse ablenkt.

BESSER VORBEUGEN ALS HEILEN

Und wenn das alles nicht genügt? Wenn das wertvolle Gleichgewicht gestört wird und bestimmte Pflanzen Probleme bekommen?

Da es bei familiären Gemüsegärten nicht darum geht, einen möglichst hohen Ertrag zu erzielen – das ist ja kein Wettbewerb –, sondern darum, gesunde Gemüse zu produzieren, die ihre Aromen optimal entwickeln und reif geerntet werden, ist der Ausfall einiger Kulturen akzeptabel. Der tägliche Besuch im Gemüsegarten ist nicht nur der Idealfall, sondern auch die beste Möglichkeit, die unerwünschte Anwesenheiten oder das Auftreten von Krankheiten zu entdecken. Sehr oft erledigt sich das Problem bereits, wenn man befallene Teile entfernt. Schlimmstenfalls reißt man die Pflanze heraus. Ebenso vermeidet man durch das rechtzeitige Ausmerzen einiger Insekten,

dass die Schwelle zur Massenvermehrung, die nicht mehr toleriert werden kann, überschritten wird. Falls eine unerwünschte Raupe den hungrigen Vogel nicht angelockt hat, erledigt man das manuell!

Gärtnern bedeutet vorausschauendes Handeln

Um zu vermeiden, dass es zu einem starken Befall kommt und Sie einschreiten müssen, ist Vorbeugung noch immer das beste Mittel. Vermeiden Sie zuerst einmal zu dichte und abgeschottete Kulturen, damit die Luft zwischen den Pflanzen zirkulieren kann. Vermeiden Sie auch zu große Flächen, auf denen nur eine einzige Sorte angebaut wird: Krankheiten und Schädlinge können sich dort schneller ausbreiten.

Gießen Sie nicht direkt auf das Blattwerk, so halten Sie die Entwicklung von Krankheiten in Grenzen. Allerdings hat eine schöne kalte Dusche häufig eine günstige Wirkung auf Blattlauspopulationen, die diesen Temperaturschock fürchten. Für die Pflanzen fällt das dann aber unter Heilbehandlung.

Physische Schutzvorrichtungen

Es ist auch möglich, empfindliche Gemüse physisch zu schützen. Ein dünnes Tuch oder ein Insektenschutznetz bildet eine Barriere für fliegende Insekten, hauptsächlich Fliegen und Schmetterlinge, gelegentlich auch Blattläuse. Es muss Licht, Luft und Wasser durchlassen, um die Kulturen nicht zu ersticken.

Ein solches Netz muss rechtzeitig angebracht werden, denn die Insekten sollen nicht unter dem Netz gefangen werden. Sie können auch Pheromonfallen und Leimfallen verwenden, die Sie mitten in den Kulturen anbringen.

Für Sie getestet

Ich glaube, zwischen den Pflanzen laufen viel komplexere Wechselwirkungen ab, als wir uns vorstellen. Daher siedle ich hier und da zwischen den Gemüsepflanzen einige Aromapflanzen an. Auf den Wegen lasse ich einige Exemplare Löwenzahn, Gänseblümchen und Taubnesseln stehen, um Schwebfliegen, Bienen und andere Bestäuber anzulocken. Wie Sie sehen werden, blühen diese sehr früh im Jahr, manchmal noch mitten im Winter, genau wie Rosmarin, Gundermann und Borretsch. Meine Beobachtungen notiere ich in einem Heft, um sie in den folgenden Jahren zu nutzen und zu versuchen, das theoretische Puzzle der Fruchtfolge zu vereinfachen.

Im Allgemeinen wird das Netz über den jungen Setzlingen angebracht, dabei wird es über kleine Bögen drapiert oder, einfacher, direkt über dem Boden angebracht. Sie sollten unbedingt darauf achten, dass keine großen Angriffsflächen für Wind geschaffen werden. Zusätzlich sollten die Ränder unter Erde gesichert und zur weiteren Stabilisierung mit Steinen beschwert werden.

Sie entfernen das Netz, bevor die Pflanzen so groß geworden sind, dass sie oben anstoßen, und kümmern sich darum, den Boden anschließend zu mulchen, insbesondere um die Wurzelhälse der Pflanzen.

Das Netz schützt auch vor den Unbilden des Wetters, wie Wind, Hagel oder Starkregen, und hält bei korrekter Fixierung im Boden Nacktschnecken und Schnecken fern (außer diese haben ihre Eier bereits vor der Anbringung des Netzes gelegt).

Und die Nacktschnecken?

Gegen die Gier von Weichtieren erscheinen mir vorbeugende Methoden, wie eine Barriere aus Asche oder Eierschalen, wenig überzeugend, denn sie wirken nur für sehr kurze Zeit. Auch das Mulchen hat seine Grenzen und bietet den Nacktschnecken und Schnecken gelegentlich sogar einen ausgezeichneten Unterschlupf. Bei günstigen Bedingungen für das Auftreten von Schnecken – feuchte Witterung und junge Triebe –, ist es immer noch am wirksamsten, einige Eisenphosphatkörner (Ferramol) zu verteilen, aber auch dabei muss bei Regen nachgelegt werden.

JAUCHEN

Man muss sagen, dass sie sehr beliebt sind, trotz ihres wenig verlockenden Geruchs! Bei korrekter Zubereitung sind dies effektive Hilfsmittel. Die meisten Zubereitungen haben keine heilende Wirkung und sollen zur Unterstützung der Kultur angewendet werden, um die Abwehrkräfte der Pflanze zu stärken und ihr Kraft zu geben, nach dem Prinzip, dass eine gut genährte Pflanze Angriffen besser standhalten kann. Das ist richtig. Man spricht dabei übrigens auch von Biostimulanzien.
Für eigene Zubereitungen heißt es, gute Pflanzen zur Hand zu haben. Reservieren Sie daher etwas Platz für Rainfarn, Seifenkraut, Wermutkraut, Beinwell, Brennnessel, Schachtelhalm und Heiligenkraut. Anwendungsform – Mazerat, Aufguss oder Absud – und Dosierung müssen der erwünschten Wirkung angepasst werden. Brennnesseljauche beispielsweise ist je nach Konzentration und Art der Anwendung – Besprühen oder Gießen – Insektenvertreiber, Düngemittel oder Kompostbeschleuniger. Beinwelljauche ist etwas weniger stickstoffreich als die Brennnesseljauche, welche die Vegetation anregt, sie ist dafür kaliumreich, wodurch sie Blüte, Fruchtbildung und Produktion von Wurzelknollen ausgezeichnet fördert. Sie ist auch gut wirksam als Insektizid, vor allem gegen Blattläuse.

Achtung!

Gut unterscheiden muss man zwischen einem Insektenvertreiber, der Insekten davon abhält, sich auf Ihren Gemüsen niederzulassen (also eine präventive Maßnahme), und einem Insektenvernichter, der alle Insekten tötet (heilende Maßnahme), wodurch also auch Bestäuber betroffen sind. Den Unterschied macht dabei häufig die Konzentration aus, wie dies beispielsweise bei der Schachtelhalmjauche oder der Farnjauche der Fall ist.

GESCHÜTZTER ANBAU:
Varianten des Frühanbaus

Um die Unwägbarkeiten des Wetters abzumildern, den Herbst noch etwas zu verlängern oder bei den Ernten im Frühjahr ein paar Wochen zu gewinnen, ist es hilfreich, bestimmte Kulturen unter geschützten Bedingungen vorzubereiten. Eine Einschränkung gibt es dabei nur bei Pflanzen, die viel Licht, also lange Tage brauchen und unverhältnismäßig in die Höhe schießen oder blassgrün bleiben würden, ohne Hoffnung, später einen harmonischen Wuchs nachzuholen. Das klassische Beispiel hierfür sind die Tomaten, betroffen sind jedoch recht viele Varietäten. Lesen Sie daher die Angaben auf den Samentütchen genau, und achten Sie auf die Angaben zu „geschützter Anbau" oder „Frühanbau").

FRÜHBEET

Je nach Region und dem dort üblichen Jahresverlauf können Sie es mit einer schönen Vielfalt an Gemüsen versuchen. Nur bei sehr strengen Wintern funktioniert es nicht. Legen Sie das Frühbeet entweder unter einer unbeheizten Glasabdeckung an, was als „kaltes Frühbeet" bezeichnet wird, oder Sie entscheiden sich für ein „warmes Frühbeet" (Mistbeet).

Worum geht es dabei?

Ein Frühbeet besteht üblicherweise aus einem Holzkasten begrenzter Höhe (30–40 cm), der mit einem transparenten, geneigten Dach abgedeckt ist, das sich leicht anheben lässt, Typ Recyclingfenster. Wichtig ist die Neigung dieses Deckels, damit die Sonnenstrahlen die gesamte Bodenfläche gleichmäßig erwärmen können, vor allem jeweils in der Zwischensaison mit schrägerem Lichteinfall. Richten Sie das Frühbeet möglichst vor einer Wand oder Mauer in Südlage ein, geschützt vor den vorherrschenden Winden durch eine kleine Hecke. Achten Sie auch auf Schlagschatten der Gewächse rundherum.

Wie wird es genutzt?

Tagsüber und nachts können mit einem Frühbeet einige wertvolle Grade im Vergleich zur Außentemperatur gewonnen werden. Die Ansaaten können daher um mehrere Wochen verschoben werden, ob nun am Ende der Saison (November-Dezember) oder gleich zu Jahresbeginn (Februar). Sie werden vor den Unbilden der Witterung und vor Räubern geschützt (hüten Sie sich dennoch vor Feld- und Wühlmäusen, die sich durch ein Mauseloch einschleichen können).

Füllen Sie das Frühbeet mit einer dicken Schicht guter, feiner Erde. Säen Sie ganz klassisch, achten Sie dabei auf die Abstände zwischen den Reihen. Während einer Kälteperiode können Sie das Dach nachts ohne Weiteres mit einer Rolle Heidekraut, einem Kälteschutzsegel oder mit Luftpolsterfolie abdecken. Außerhalb der Frostperiode das Lüften nicht vergessen, um ein Übermaß an Feuchtigkeit und einen Hitzekollaps zu vermeiden.

Was und wann wird im Frühbeet gesät?

Ab Januar können Sie Karotten, Blattsalate, Speiserüben und Rettiche säen. Rasch danach folgen Ackerbohnen und Erbsen. Von Dezember bis Februar können Sie im warmen Frühbeet auch bestimmte kälteempfindliche Gemüse säen.

GEWÄCHSHÄUSER UND PFLANZTUNNEL

Wenn Sie ausreichend Platz haben - und Lust, im Winter Zeit im Gemüsegarten zu verbringen –, können Sie sich auch an einen Anbau im Gewächshaus oder Pflanztunnel machen. Sie werden es nicht bereuen, denn so können Sie garantiert Frühgemüse essen und sich von den klimatischen Unwägbarkeiten frei machen.

Das Gewächshaus ist eine feste Einrichtung, für deren Anlage etwas Zeit erforderlich ist. Bedenken Sie die Exposition, mögliche Schlagschatten, leichten Zugang mit Gießkannen und erwägen Sie eine Heizung, sodass Sie es zumindest frostfrei halten können. Sie können den an dieser Stelle bestehenden Boden beibehalten oder Kulturbeete anlegen mit Erde, die mit Kompost angereichert ist. Das Gewächshaus muss natürlich dem Wind und Starkregen standhalten und ausreichend dicht sein, um Wärmeverluste in Grenzen zu halten. Es gibt viele verschiedene Modelle.

Wie funktioniert ein Warmbeet?

Traditionell wird dazu im Frühbeet eine Schicht Mist unter der feinen Gartenerde verteilt, der während ihrer Zersetzung Wärme abgibt. Diese alte Technik des Gemüseanbaus setzt voraus, dass man frischen Mist zur Verfügung hat.
Sie können aber auch ausgehend vom Grundmodell des kalten Frühbeets einfach die Erde erwärmen, indem Sie unter der Erdschicht ein elektrisches Kabel verlegen (in Gartencentern und im Internet erhältlich). Halten Sie bei der Installation die Sicherheitsbedingungen ein, denn schließlich fließt hier elektrischer Strom in einem feuchten Raum. Der Vorteil gegenüber dem Mist ist, dass Sie die Temperatur besser unter Kontrolle haben und auch den Stopp des Systems, sobald die Sämlinge gekeimt haben.

Der Pflanztunnel ist im Allgemeinen eine vorübergehendere Einrichtung, bestehend aus einer flexiblen, lichtdurchlässigen Plastikplane, die auf Bögen montiert wird. Achten Sie auf Windwiderstand, und befestigen Sie den Tunnel sicher. Bei rauem Klima können Sie die Folie mit einer Abdeckung für Treiberei verstärken nach der Methode des „doppelschichtigen Tunnels". Vorsicht jedoch vor einem zu starken Lichtverlust! Lüften Sie außerdem regelmäßig, um zu viel Feuchtigkeit und einen Hitzekollaps zu vermeiden.
Es gibt auch starre Tunnel, die gebrauchsfertig im Handel erhältlich sind. Sie sind einfacher aufzustellen und umzuziehen. Manche bestehen sogar aus Modulen und können für die Länge der Kulturbeete passend eingestellt werden.

TREIBEREI

Dank dieser Technik des Frühanbaus erhält man zu einem besonders frühen Zeitpunkt der Saison bereits Frühgemüse. Im Allgemeinen handelt es sich um Gemüse mit kurzem Entwicklungszyklus wie Rettiche, Karotten, Erbsen (Rundkorn), Speiserüben und Blattsalate. Man geht nach denselben Methoden vor, mit denen man sich von der Außenkälte frei macht, dabei treibt man die Kultur jedoch bis zum Erntestadium. Treiberei kann im Frühbeet, aber auch direkt im Freiland unter einem Tunnel, einer Glocke oder einem Vlies praktiziert werden. Letzteres System ist, im Unterschied zu den anderen Techniken, nicht darauf ausgelegt, die Sonneneinstrahlung zu optimieren. Es erlaubt lediglich, Temperaturabweichungen zu minimieren, vor allem, um die Aussaat vor nächtlichen Frösten zu schützen und die Keimung in Regionen, in denen der Winter mild ist (so werden Ackerbohnen ab Februar gesät), voranzutreiben. Das Vlies für die Treiberei ist luft- und wasserdurchlässig, wird nach der Aussaat direkt auf die Erde gelegt und fest verankert. Es schützt auch vor körnerfressenden Vögeln. Lassen Sie es so lange liegen, bis es die Keimlinge so groß gewachsen sind, dass es ihre Entwicklung stört.

Treiberei unter einer Glocke

Treibglocken sind einfach zu installieren, beweglich und auch für kleine Flächen und (den Start) kälteempfindlicher Gemüse geeignet. Die alten Modelle aus Glas sind großartig, aber Sie können sich Ihre Glocke auch aus Recyclingobjekten basteln. Wirklich wichtig ist ein Material, welches das Licht durchlässt. Denken Sie daran, einen kleinen Keil unterzuschieben, um die Glocke zu erhöhen, und lassen Sie die Luft an sonnigen Tagen zirkulieren.

ERNTE

Am besten wird nach Bedarf geerntet, wenn die richtige Reife erreicht ist. Daher ist es sinnvoll, wenn Aussaat und Auspflanzung zeitlich gestaffelt erfolgen, um die Ernte bei einjährigen Gemüsen auf mehrere Wochen zu verteilen.

BEDEUTET ERNTEN AUCH, DASS SICH DIE PFLANZE REGENERIERT?

Abgesehen davon, dass die Ernte ein schöner Moment ist, regt sie die Pflanze auch dazu an, neue Blätter oder neue Blüten zu bilden, so haben Sie lange Freude daran. Das gilt für zahlreiche Gewürzpflanzen, bei denen dieses Schneiden günstig wirkt. Es regt die Bildung junger Triebe an und sorgt für einen harmonischen Wuchs. Dies gilt insbesondere für verholzende Sorten, wie zum Beispiel den Thymian, der von häufigem Schneiden profitiert. Ein Schneiden ins Altholz, das anschließend schwerer wieder treiben würde, kann so vermieden werden.

BLATT FÜR BLATT

Bei Gemüsen, die als Salat gegessen werden, ernten Sie Blatt für Blatt und beginnen dabei bei den äußeren Blättern, sodass sich der mittlere Teil weiterentwickeln kann. Blütengemüse, wie Blumenkohl oder Artischocken, werden mit 10 cm Stiel geschnitten.

UND WIE ERNTET MAN DIE WURZELGEMÜSE?

Für Wurzelgemüse ist es kein Gewinn, den ganzen Winter über in der Erde zu bleiben. Es ist in Ihrem Interesse, sie vor den ersten Frösten mit der Grabeforke herauszuholen. In mildem Klima und in einem leichten, gut wasserdurchlässigen Boden müssen Sie sich nicht beeilen, dort können die Wurzeln länger im Boden bleiben, vorausgesetzt, es tun sich keine kleinen Nager daran gütlich.
Bringen Sie eine 10 cm hohe Mulchschicht auf, die das Ausreißen erleichtert, vor allem nach einem leichten Frost. Entfernen Sie möglichst viel Erde von den Wurzeln und lassen Sie sie trocknen. Beschädigte Wurzeln möglichst schnell verbrauchen.

Säubern und trocknen

Frisch geerntete Gemüse, wie Wurzelgemüse oder Zwiebeln, werden von möglichst viel Erde befreit, und man lässt sie ein oder zwei Tage auf dem Boden trocknen, möglichst in der Sonne oder vor Regen geschützt, jedoch auf jeden Fall an der frischen Luft.

LAGERUNG
und Konservierung

Es ist natürlich immer besser, Gemüse direkt nach der Ernte zu verspeisen. Aber machen wir uns nichts vor: Selbst bei guter Planung der Aussaaten und des Auspflanzens kommt immer der Moment, wo Ernteerträge kollidieren. Es kommt natürlich nicht infrage, schöne Ernten verderben zu lassen. Es gibt zahlreiche Möglichkeiten, Vitamine und Aromen zu bewahren.

NUR GESUNDES, UNBESCHÄDIGTES GEMÜSE VERWENDEN

Das Gemüse waschen und mit klarem Wasser spülen, dem einige Tropfen weißer Tafelessig zugesetzt werden. Gemüse mit harter Schale mit einer Gemüsebürste reinigen.
Anschließend können Sie das Gemüse blanchieren, um es einzufrieren, einzumachen (sterilisieren), zu dörren oder zu trocknen (im Sommer an der frischen Luft, dann im Backofen). So können Sie sich das ganze Jahr über daran erfreuen.

AUFBEWAHRUNG IM KÜHLSCHRANK

Ein paar Tage lang können Sie das Gemüse im Kühlschrank aufbewahren, eingeschlagen in ein feuchtes Tuch oder in einer belüfteten Dose, um die Bildung von Kondenswasser zu vermeiden. Wird das Blattwerk welk, tauchen Sie es ein paar Minuten in kaltes Wasser und verbrauchen Sie es rasch. Achten Sie darauf, Äpfel nicht neben Gemüsen zu lagern: Äpfel geben Ethylen ab, und dieses Gas beschleunigt das Reifen.

KÜHL LAGERN, EINKELLERN

Wenn Sie Gemüse länger aufbewahren wollen, lagern Sie es an einem kühlen (maximal 10 °C) und trockenen Ort, gut belüftet, frostfrei und unzugänglich für Nager. Stellen Sie die Kisten auf Klötze, damit die Luft besser zirkulieren kann. So halten Kartoffeln im Dunkeln den

Bleichen im Garten, blanchieren in der Küche

Nicht mit dem Bleichen im Garten (siehe S. 101) zu verwechseln ist das Blanchieren in der Küche. Dabei wird das Gemüse kurz (einige Minuten, je nach Gemüse kürzer oder länger) in kochendes Wasser gelegt und anschließend in Eiswasser, um den Kochvorgang zu stoppen.

Lagern in einer Einschlaggrube

Die Methode eignet sich für ein raues Klima. In einem perfekt wasserdurchlässigen Boden wird eine kleine Grube gegraben und das Gemüse schräg in dichten Reihen eingestellt, wobei nur ein kleiner Teil aus dem Boden schaut. Zum Schutz vor Frost mit einer ordentlichen Schicht Stroh abdecken.

Winter über. Mit einer lichtundurchlässigen Plane abdecken, damit sie nicht grün werden und keimen. Zwiebeln, Knoblauch und Schalotten, deren Blattwerk zu Zöpfen geflochten wird, werden besser an der Decke aufgehängt als flach hingelegt: So ist die Gefahr des Faulens geringer.

EINMIETEN

Das Prinzip dabei ist, Wurzelgemüse auf eine Schicht Sand oder feuchten Torf zu legen, ohne dass sich die Wurzeln berühren, und sie dann mit Stroh, Blättern oder noch besser mit Sand zu bedecken, um sie vor Kälte zu schützen, ohne dass sie austrocknen. Karotten, Speiserüben, Rote Bete, Winterrettich, Sellerie und die meisten Wurzelgemüse halten sich eingemietet sehr gut, nachdem das Grün circa 1 cm über dem Wurzelhals abgeschnitten und entfernt wurde. Für kleine Mengen reicht ein Eimer oder eine große Kiste, in der die Lagen übereinandergestapelt werden, wobei gut darauf zu achten ist, die einzelnen Lagen durch Sand oder Stroh voneinander zu trennen. Nach demselben Prinzip funktioniert auch das Einmieten in der Erde an einer Stelle, wo der Boden gut wasserdurchlässig ist. Es wird ein Loch von 1 m Tiefe und 1 m Breite gegraben – die Länge hängt von der Menge des einzumietenden Gemüses ab. Es besteht jedoch immer die Gefahr, dass Ihnen Nager die Ernte wegknabbern.

KRANKHEITEN und Parasiten

Wenn Sie die für Ihr Klima geeigneten Arten wählen, die passenden Anbaumethoden anwenden, die ein harmonisches Wachstum der gut mit Nährstoffen versehenen Pflanzen in einem lebendigen und fruchtbaren Boden gewährleisten, sollten Ihre Kulturen theoretisch gesund bleiben. Es ist jedoch immer möglich, dass es zu einem Befall durch Parasiten kommt. Dann ist schnelles Handeln angesagt, um eine Ausbreitung zu verhindern.

DEN EINDRINGLING IDENTIFIZIEREN

Es gibt keine Zauberlösung für alle Parasiten, die sich in **Wurzeln** einnisten: Wenn man sie entdeckt, ist es schon zu spät! Sind die Wurzeln nicht stark befallen, können sie noch verwendet werden, keinesfalls jedoch dürfen sie über den Winter eingemietet werden. Achten Sie darauf, am selben Ort nichts neu anzupflanzen, was ähnliche Empfindlichkeiten aufweist.

Bei den sogenannten „oberirdischen" Parasiten **(Blattläuse, Raupen u. a.)** beginnen Sie, diese per Hand zu eliminieren. Wie schon gesagt, fürchten Blattläuse den Temperaturschock einer kalten Dusche. Für Raupen gibt es, wenn die kritische Schwelle der Massenvermehrung erreicht ist, eine schnelle und wirksame Lösung: Besprühen Sie die befallenen Blätter mit einer verdünnten *Bacillus-thuringiensis*-Lösung. Im Handel ist sie in Pulverform erhältlich. Das Bakterium wirkt, indem es Toxine freisetzt, die schlüpfende Larven tötet, was auch bedeutet, dass die Behandlung wiederholt werden muss, wenn weitere Larven geschlüpft sind. Es bedeutet auch, dass die Behandlung nicht bei Larven wirkt, die

Echter Mehltau oder Rostkrankheit: Knoblauch, zu Hilfe!

Bei größeren Krankheitsherden können Sie, vor allem gegen Echten Mehltau und die Rostkrankheit, nach Filterung ein Fungizid auf Knoblauchbasis aufsprühen: 150 g frischen, grob zerdrückten Knoblauch in 5 Litern kochendem Wasser eine Stunde ziehen lassen.

nicht oberflächlich auf den Pflanzen bleiben, wie dies beispielsweise bei der Miniermotte der Fall ist. Letztere führen aber nur selten zum Absterben der Pflanzen, nur zu einem geringeren Ertrag durch eine Schädigung der Blätter, was ein kleineres Übel ist.
Gegen Nacktschnecken und Schnecken können Sie, abgesehen von Barrieren, die sie davon abhalten sollen, sich an jungen Pflanzen gütlich zu tun, oder von Fallen, wie beispielsweise Teller mit Bier, rund um die zu schützenden Pflanzen Ferramolkörner verteilen.

UND WAS DIE KRANKHEITEN ANGEHT …

Ob Pilze, Bakterien oder Viren: Auch hier ist ein rasches Eingreifen angesagt. Eliminieren Sie die befallenen Teile, und achten Sie darauf, die Klingen der Gartenschere gründlich zu desinfizieren, um die Krankheitserreger damit nicht weiterzuverbreiten. Am gefürchtetsten ist der Falsche Mehltau, der durch milde und feuchte Witterung begünstigt wird, sehr ansteckend und nicht heilbar ist. Blätter und Zweige werden schnell braun und beginnen, fettig auszusehen, insbesondere bei den Tomaten. Da bleibt nur, alles herauszureißen.
Der Echte Mehltau dagegen bildet einen weißen Belag auf den Blättern. Er kommt oft bei der Familie der Kürbisgewächse vor, meist jedoch erst gegen Ende der Kultur.
Die Rostkrankheit trägt ihren Namen zu Recht. Sie bildet kleine rostfarbene Punkte, insbesondere auf den Schäften des Lauchs. Es genügt, bei der Ernte kranke Blätter zu entfernen.

Echter Mehltau

Falscher Mehltau

Blattläuse

Rostkrankheit

BEZUGSQUELLEN
für Samen und Pflanzen

Gängige Pflanzen und Samen können in Gartencentern, auf dem Wochenmarkt, bei Gemüsebauern oder in Gärtnereien gekauft werden. Wenn Ihnen viel an persönlicher Beratung liegt, empfiehlt sich ein Händler vor Ort, der auch die regionalen Anbaubedingungen gut kennt. Sie können aber auch bei spezialisierten Händlern im Internet bestellen. Hier finden Sie eine Reihe von Bezugsquellen:

BEZUGSQUELLEN IN DEUTSCHLAND

www.jungepflanzen.de

www.gartenversandhaus.de

www.samenhaus.de vertreibt unter anderem das Saatgut von Thomson & Morgan, eines englischen Traditionsunternehmens von internationaler Bedeutung

www.dehner.de hat Dehner Historisches Saatgut als Spezialsortiment

www.oekolandbau.de ist ein Portal mit großem Informationsangebot zum ökologischen Landbau. Dort findet sich auch eine Liste mit Links zu Betrieben, bei denen Pflanzen und Samen in Bio-Qualität gekauft werden können:

www.oekolandbau.de/bio-im-alltag/bio-erleben/im-garten/wo-gibt-es-biosaatgut/

DIE BEZUGSQUELLEN DER PFLANZEN IN DIESEM BUCH:

Association Kokopelli
www.kokopelli-semences.fr
Rund 2000 Sorten in Bio-Qualität

Baumaux
www.graines-baumaux.fr
Größter Samenhändler Europas

Hortiflor
www.hortiflorbureau.com
Garten- und Heilkräuter

Le biau germe
www.biaugerme.com
Samen in Bio-Qualität

Le comptoir des graines
www.comptoir-des-graines.fr
Unbehandelte und nicht gentechnisch veränderte Samen

La ferme de Sainte-Marthe
www.fermedesaintemarthe.com
Samen und Pflanzen in Bio-Qualität

Promesse de fleurs
www.promessedefleurs.com
Gartenmarkt mit umfangreichem Angebot

Semailles
www.semaille.com
Samen in Bio-Qualität

REGISTER

BILDNACHWEIS